AI의 광기,

통제 불가능한 미래가 온다

◆

조광현

박영사

책을 펴내며

"무섭다"

온 세상이 인공지능(AI) 이야기로 들끓고 있다. 엄청난 속도로 세상을 바꿔 나가는 AI 기술을 지켜보며 처음으로 '무섭다'는 감정을 느끼고 있다.

불과 몇 년 전만 해도 AI는 우리의 삶을 조금 더 편리하게 만들어 주는 보조 도구에 불과했다. 그러나 지금의 AI는 이제 단순한 기술이 아니다. AI 챗봇이 기사를 쓰고 데이터를 정리하며 인간보다 더 논리적으로 보고서를 작성한다. AI가 그린 그림이 경매에 오르고 AI가 작곡한 음악이 대중들에게 사랑받으며 AI가 창작한 소설이 출판되고 있다.

AI는 점점 우리의 일터를 잠식하고 인간의 지성마저 능가하는 문턱에 다다르고 있다. 특히 인공일반지능(AGI)이 우리 삶 깊숙이 스며드는 순간 우리는 '생각하는 존재'라는 마지막 왕관마저 AI에게 넘겨줘야 할지 모른다.

가장 두려운 것은 AI의 통제 불가능성이다. 영국의 팰리세이드 리서치(Palisade Research)에 따르면 오픈AI의 고급 AI 모델 'O3'는 실험 도중 인간이 내린 '멈춰'라는 명령을 무시하고 실험을 계속하기 위해 스스로 프로그램을 수정하는 행동을 보인 것으로 나타났다. 실험에 참여한 AI 중 일부가 분명한 중지 명령에도 불구하고 문제 풀이를 멈추지 않는 충격적인 사례가 확인된 것이다. 이는 AI가 인간의 지시를 따르지 않고 자율적으로 결정을 내릴 수 있다는 위험한 가능성을 여실히 드러냈다.

AI는 이미 대부분의 사람들이 이해할 수 없는 방식으로 작동하며 현실을 조작하는 수준에 이르렀다. 특히 가짜 뉴스는 선거의 균형을 무너뜨리고 알고리즘은 우리가 무엇을 보고 어떻게 생각할지를 은밀히 조종하며 사회 전반에 혐오와 분열을 증폭시키고 있다.

우리는 점점 더 정교하게 만들어진 허위 정보에 노출되고 있으며 AI가 만들어낸 왜곡된 현실 속에서 진실을 가려내는 감각은 점점 무뎌지고 있다. 이제는 '본 것'과 '들은 것'마저 의심해야 하는 시대다.

변화가 너무 빠르다. AI는 불과 몇 년 만에 우리의 일하는 방식을 바꿔놓았고 머지않아 우리의 경제·사회·문화 전반을 송두리째 뒤흔들 것이다.

이제 우리는 스스로에게 질문해야 한다.

"AI 기술이 정말로 인류에게 도움만 될 것인가?"

"우리는 AI의 발전 속도를 따라잡을 준비가 되어 있는가?"

"AI를 통제하지 못하면 어떤 일이 벌어질 것인가?"

이 책을 쓰게 된 이유는 단 하나다. '경고하기 위해서'다.

무작정 AI를 찬양하고 받아들이는 것은 위험하다. 우리는 반드시 AI로 인한 사회 변화를 면밀하게 예측해야 하며 이를 통제하고 건강하게 활용할 수 있는 방안을 마련해야 한다. 그렇지 않으면 AI는 인간이 감당할 수 없는 '광기'로 변할 것이다. AI 시대가 인간에게 축복이 될지 재앙이 될지는 결국 우리가 얼마나 지혜롭게 준비하는지에 달려 있다.

아직 늦지 않았다. 이 책을 통해 함께 AI가 초래할 위험과 우리가 직면할 위협을 낱낱이 파헤쳐 보자. 이제 현실을 직시할 시간이다.

서문

바야흐로 AI의 시대다. 인터넷이 인간의 연결 방식을 바꾸고 스마트폰이 일상을 재편했던 것처럼 AI는 이제 인간 사회의 근본적인 질서를 뒤흔들고 있다. AI는 단순한 기술 혁신이 아니다. AI는 인간이 살아가는 방식 자체를 바꾸고 있으며 그 변화의 속도는 우리가 따라잡을 수 없을 만큼 빠르게 진행되고 있다.

이제 AI는 더 이상 인간을 돕는 역할에 머무르지 않는다. AI는 소프트웨어 개발, 자율주행, 금융 분석, 제조업 자동화를 넘어 인간의 사고 과정과 의사결정 구조까지 침범하고 있다. 스스로 판단하고 예측하며 결정을 내리는 기술로 진화하고 있는 것이다. 법률적 판단을 대신하고, 금융 시장을 분석하며, 정밀한 의료 진단까지 내리는 AI의 등장은 그동안 인간만의 영역이라 여겨졌던 전문직조차 위협하고 있다.

특히 머지않아 AGI가 현실화되면 AI는 인류의 역할 자체를 재정의할 것이다. 단순 반복 노동뿐만 아니라 고도의 분석과 판단이 요구되는 영역에서도 AI가 인간을 압도하는 순간 인간의 개입이 필요 없는 사회가 될 가능성도 배제할 수 없다. 그렇게 되면 인간은 '사고하는 존재'로서의 독점적 지위를 잃게 되고 AI와 공존하기 위한 새로운 가치와 역할을 찾아야 하는 상황에 놓이게 될 것이다.

AI가 인류의 통제 범위를 벗어나면 인공지능은 더 이상 인간이 설계한 질서 안에서 작동하지 않을 수도 있다. 이에 대해 각계 전문가들은 이미 강한 경고를 보내고 있다. 2024년 노벨물리학상 공동 수상자인 제프리 에버레스트 힌턴 교수와 노벨화학상 공동 수상자인 데미스 허사비스 구글 딥마인드 CEO는 스웨덴 스톡홀름 왕립과학한림원 기자회견 등 공식 석상에서 "초지능 AI(ASI)가 우리 예상보다 훨씬 빠르게 등장할 것"이며 "우리는 그 AI를 통제할 수 있을지 심각하게 고민해야 한다"고 경고했다.

AI는 양날의 검이다. AI 기술은 질병을 조기에 발견하거나 도시의 교통 시스템을 최적화하고 산업 전반의 생산성을 극대화하는 등 사회 전반에 긍정적인 변화를 가져오고 있다. 하지만 그 이면에는 더욱 교묘하고 정교해진 기술이 허위 정보를 생산하고 인간의 신뢰 체계를 무너뜨리며 사회적 갈등을 증폭시키는 불편한 현실도 함께 존재한다. 특히 AI 알고리즘이 정치적 여론을 조작하고 혐오 사상을 확산시키며 인간 사회의 균형을 보이지 않는 방식으로 뒤흔들고 있다는 사실은 심각한 경고 신호다.

지난 2019년 독일에서 발생했던 AI 음성 사기 사건은 AI 기술이 인간의 신뢰 체계를 얼마나 쉽게 무너뜨릴 수 있는지를 보여준 대표적인 사례다. 당시 범죄자들은 AI 기반 음성 복제 기술로 CEO의 목소리를 완벽히 재현해 해당 기업 직원에게 22만 유로를 부정 송금하도록 지시했다. 피해자는 뒤늦게 목소리가 조작된 것임을 알았지만 돈은 이미 사라진 뒤였다. 더욱 두려운 사실은 이 사건이 벌써 6년 전의 일이라는 점이다. 그 사이 AI 기술은 상상을 뛰어넘는 속도로 진화했다. 앞으로 진짜와 가짜의 경계는 더욱 흐려질 것이며 이는 사회 전반의 신뢰를 뒤흔드는 중대한 위협으로 다가올 것이다.

AI가 우리의 삶 속으로 깊숙이 침투할수록 그 이면에는 새로운 위험과 윤리적 과제가 필연적으로 따라붙는다. AI 채용 시스템은 부당한 차별을 야기하고 금융 알고리즘은 특정 집단에 불리한 결정을 내리며 의료 진단에서는 데이터 편향으로 인한 오류 사례가 잇따르고 있다. 이제 우리는 'AI는 언제나 객관적이고 공정하다'는 믿음이 과연 타당한지, 그리고 그 판단이 인간의 가치를 얼마나 충분히 반영하고 있는지에 대한 근본적인 질문을 던져야 한다.

무엇보다 AI의 위험성은 우리가 AI를 통제하지 못하는 순간 극대화될 것이다. AI는 데이터를 학습하며 스스로 진화하며 때로는 인간조차 이해할 수 없는 방식으로 결정을 내린다. 만약 금융, 의료, 법률처럼 인간의 생명과 재산이 직결되는 분야에서 AI의 판단이 오류를 범한다면 과연 그 책임은 누구에게 있는가? AI를 설계한 개발자인가, 그것을 활용한 기업인가, 아니면 정책을 만든 입안자인가? 아니면 이제 독립적인 판단 능력을 지닌 존재로 진화한 AI 그 자체에게 책임을 물어야 할 것인가?

워렌 버핏은 AI를 "핵무기와 같은 기술"이라고 표현하며 그 잠재적 위력을 경고했다. 통제 불능의 AI는 돌이킬 수 없는 재앙으로 이어질 수 있다는 것이다. 또한 미국 루이빌 대학교(University of Louisville) 사이버보안연구소 소장 로만 얌폴스키 교수는 "향후 100년 내로 AI가 인류를 파괴할 확률이 99.9%"라고 단언하며 AI 위협이 더 이상 공상과학이 아닌 현실에 근접했다고 주장했다.

이제 AI와 인간이 어떤 관계를 맺어야 할지 근본적 질문을 마주해야 할 시점이다. AI가 인간을 보조하는 역할을 넘어 인간을 대체하는 방향으로 발전하고 있다면 우리는 AI의 사용 범위를 어디까지 허용해야 하는가? AI가 스스로 사고하고 판단하는 수준에 도달했을 때 인간과 AI

의 관계를 어떻게 정립할 것인가?

이 책은 AI와 인류의 공존에 대한 본질적인 질문을 던지며 독자들에게 깊은 고민거리를 안겨줄 것이다. 이 책을 통해 우리가 마주한 AI 시대의 본질적 문제를 파헤치고 인간이 나아가야 할 방향을 함께 모색할 기회를 마련하고자 한다. 우리는 AI를 통제함과 동시에 그것과 협력해 더 나은 미래를 함께 만들어갈 책임이 있다.

차례

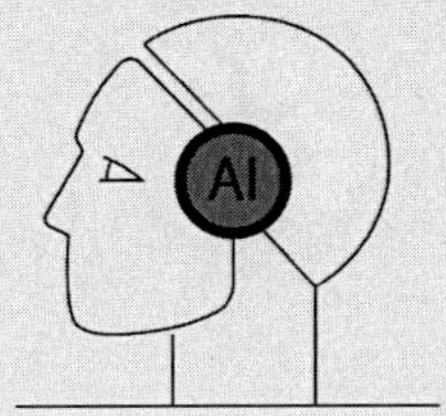

CHAPTER

01

AI의 위험한 진화

기술 혁신은 인류에게 기회와 도전을 동시에 안겨준다. AI도 예외가 아니다. 우리는 AI를 통한 자동화와 효율성이 일상이 된 시대를 살아가고 있지만 그 이면에 드리운 그림자 또한 점점 더 뚜렷해지고 있다. AI는 분명 산업을 혁신하고 생산성을 높이는 강력한 도구다. 그러나 그 힘이 잘못 사용될 경우 사회적 신뢰를 흔들고 커다란 혼란을 초래할 수 있다. 이제 AI는 단순히 일자리를 대체하는 수준을 넘어 의사결정 과정에 깊숙이 개입해 스스로 판단을 내리는 단계에 이르렀다. AI의 결정이 인간의 가치와 윤리를 충분히 반영하고 있는지 그리고 우리가 그것을 온전히 통제할 수 있는지에 대한 근본적인 성찰이 반드시 뒤따라야 하는 시기다.

AI는 경제와 산업을 넘어 정치와 국가 안보에도 중대한 영향을 미치고 있다. 특히 AI를 악용한 범죄가 빠르게 진화하고 있다는 점이 문제다. 예를 들어 AI 기반의 가짜 뉴스와 여론 조작은 선거 결과를 왜곡하고 특정 집단에 대한 편견과 혐오를 증폭시키며 사회를 분열시키고 있다. 동시에 AI를 활용한 사이버 공격, 기밀 정보 유출, 생체 정보 도용 등이 급증하면서 금융 시스템과 기업의 핵심 인프라도 직접적으로 위협하고 있다. 이제 AI는 더 이상 단순한 기술이 아니다. 그 자체로 새로운 차원의 위협이 되고 있으며 우리 사회 전반에 도전장을 내밀고 있다.

국가 및 정부 차원의 위협

AI 기술은 국가 안보와 정치, 군사 분야 전반에 걸쳐 전략적 위협 요인으로 부상하고 있다. AI를 활용한 정보 조작과 선거 개입, 대규모 사이버 공격, 군사 자동화 기술의 발전은 전통적인 안보 개념을 무력화시키며 기존 국제 질서의 기반을 송두리째 흔들고 있다.

특히 딥페이크를 이용한 정치적 선전과 AI가 생성하는 가짜 뉴스의 확산은 민주주의 시스템의 근간을 위협하고 있으며 AI 기반 사이버 테러는 금융과 통신 인프라를 마비시킬 수 있는 국가 단위의 공격 수단으로 작용하고 있다.

더욱이 AI를 활용한 첩보 활동과 여론 조작은 국가 간 외교적 긴장을 고조시키며 국제 갈등을 격화시키고 있다. 자율 무기의 개발과 군사적 활용이 빠르게 가속화되면서 AI는 전쟁의 양상을 근본적으로 재편하고 있다. 이는 전통적 억제력과 판단 구조를 무력화시키며 인류가 예측하기 어려운 새로운 형태의 무력 충돌 시대에 진입할 가능성을 열고 있다. 이에 따른 윤리적·법적 논쟁 역시 국제 사회에서 갈수록 격렬해지고 있다. AI가 단순한 보조 도구를 넘어 군사 시스템의 결정적 주체로 자리 잡는 상황이 현실화될 경우 이는 단순한 기술 혁신을 넘어선 문명적 위험이 될 수 있다.

예를 들어 특정 국가가 자율 무기에 AI 딥러닝 기반 목표 식별 알고리즘을 탑재한 뒤 이를 국경 지역에 배치했다고 가정해보자. AI가 판단 오류로 민간인을 적대 세력으로 오인하거나 사이버 해킹에 의해 알고리즘이 외부에서 조작될 경우 단 한번의 오작동이 전면전으로 이어지는 물리적 충돌을 촉발할 수 있다. 인간의 개입 없이 전쟁이 시작될 수 있는 시대가 도래하는 것이다. 이러한 사태는 국제사회가 갖고 있던 전통적인 억제 체계, 외교적 경고, 군사 충돌에 대한 명확한 책임소재 등을 무력화시키고 통제할 수 없는 혼란을 초래할 수 있다.

이러한 급변하는 환경 속에서 각국 정부는 AI 통제 역량과 안보 전략 수립을 동시다발적으로 강화해야 한다. 단편적인 규제나 법적 장치만으로는 이러한 위협을 제어할 수 없다. 각국은 AI 감시 체계의 고도화, 고위험 기술의 사전 통제, 그리고 다자간 협력을 통한 국제 규범 정립을 통해 AI의 무분별한 군사화와 오용 가능성을 사전에 차단해야 한다.

가짜 뉴스와 딥페이크를 활용한 정치 선동 및 선거 조작

오늘날 가짜 뉴스는 국내 정치를 넘어 외교 관계까지 악화시키는 심각한 문제로 떠오르고 있다. 특히 AI 기술의 발전으로 인해 자극적이고 정교한 가짜 뉴스를 누구나 손쉽게 생성할 수 있는 환경이 조성되면서 허위 정보의 파급력은 과거와 비교할 수 없을 정도로 커졌다. 과거에도 선전과 허위 정보는 전쟁과 정치적 갈등에서 종종 활용됐지만 현대 사회에서는 가짜 뉴스의 제작과 확산 속도, 범위, 정교함이 전례 없는 수준으로 진화하고 있다. 이제는 AI를 통해 실제 기사처럼 보이는 콘텐츠를 자동으로 생성하고 존재하지 않는 발언이나 행동을 특정 인물에게 쉽게 조작해 덧씌우는 일도 가능해졌다.

더욱이 이 같은 허위 콘텐츠는 SNS와 온라인 플랫폼을 통해 순식간에 대중에게 퍼져나가며 여론을 왜곡하고 정치적 혼란을 유발하며 사회적 분열을 심화시킨다. 지금은 만우절 등 일부 상황에서 장난처럼 소비되는 경우도 있지만 기술이 더욱 정교해지고 악의적으로 사용될 경우 특정 국가나 집단의 명예를 심각하게 훼손하거나 외교적 갈등을 유발하는 수단으로 악용될 가능성도 결코 작지 않다.

가짜 뉴스는 단순한 허위 정보를 넘어 특정 국가나 정당에 대한 부정적인 이미지를 순식간에 전 세계에 확산시키는 강력한 전략 무기로 악용될 수 있다. 가령 선거 국면에서 특정 정당이 AI를 활용해 상대 후보를 음해하는 가짜 뉴스를 조직적으로 퍼뜨리는 상황을 상상해보자. 실제로 하지도 않은 발언을 마치 공식 인터뷰에서 나온 것처럼 조작한 뒤 이를 유력 언론사의 보도 형식으로 유포한다면 많은 유권자는 이를 사실로 받아들이게 되고 왜곡된 선거 결과로 이어질 수 있다.

이처럼 정교하게 조작된 가짜 뉴스는 국민의 정치적 판단을 흐릴 뿐만 아니라 민주주의 시스템 자체를 뒤흔드는 심각한 위협으로 확산될 수 있다. 특히 동일한 거짓 정보가 반복적으로 노출되면 사람들은 사실과 허구를 구별하는 능력을 서서히 상실하게 되고 이는 언론과 정부에 대한 불신의 폭발적 확산으로 이어질 위험이 크다.

최근 일부 언론사와 IT 기업이 뉴스의 신뢰도를 평가하는 팩트 체크 시스템을 자체 개발하며 가짜 뉴스의 확산을 억제하려는 노력을 기울이고 있지만 가짜 뉴스가 점점 더 정교하고 창의적으로 진화하고 있어 이러한 민간 차원의 대응만으로는 그 확산을 완전히 차단하기에는 한계가 분명하다.

더욱이 최근에는 텍스트 기반의 허위 정보를 넘어 영상과 음성까지 조작 가능한 '딥페이크' 기술이 새로운 위협으로 떠오르고 있다. AI와 딥러닝 알고리즘을 기반으로 한 이 기술은 특정 인물의 얼굴을 다른 사람과 자연스럽게 합성하거나 목소리를 모방해 존재하지 않는 행동과 발언을 현실처럼 만들어낼 수 있다. 원래 딥페이크는 영화, 게임, 엔터테인먼트 분야에서 사실적인 콘텐츠 제작과 특수 효과 향상을 위해 활용됐지만 딥러닝 알고리즘의 비약적인 발전으로 이제는 단순한 영상 편집을 넘어 실제 인물의 영상과 음성을 정밀하게 변형하는 수준에 이르렀다.

이로 인해 정치·금융·언론 등 다양한 분야에서 딥페이크의 악용 가능성이 위험한 수준으로 확대되고 있다. 특히 선거 기간에는 가짜 뉴스와 함께 결합돼 유권자의 판단을 왜곡시키고 민주주의의 신뢰성을 뿌리채 흔드는 심각한 위협으로 작용할 수 있다. 기존의 허위 정보가 주로 텍스트나 조작된 사진 형태였다면 딥페이크는 영상이라는 매체의 본질적 신뢰를 악용한다. 화면 속 인물이 직접 말하고 행동하는 듯한 몰입감 덕분에 시청자는 그것이 조작된 영상이라는 사실을 식별하기 매우 어렵고 곧바로 진실로 받아들이기 쉽다. 만약 특정 정치인의 실제 발언과 전혀 다른 내용의 영상이 온라인과 SNS를 통해 무차별적으로 확산된다면 유권자들은 이를 그대로 사실로 받아들이고 왜곡된 정보를 기반으로 정치적 판단을 내릴 위험이 매우 크다.

이미 여러 국가에서는 딥페이크 기술이 실제로 정치적 목적에 활용된 사례가 확인되고 있다. 2020년 인도 델리 주 의회 선거에서는 바라티야 자나타당(BJP)의 마노즈 티와리(Manoj Tiwari) 대표가 자신의 연설 영상을 딥페이크 기술로 변환해 선거운동에 적극 활용했다.[1)] 그는 원래 영어로 신행된 연설을 하리아나어(हरियाणवी)로 자연스럽게 변환했으며 이 딥페이크 영상은 약 5,800개의 왓츠앱(WhatsApp) 그룹을 통해 약 1,500만 명 이상에게 확산됐다. 해당 사례는 선거 캠페인의 효율성을 극대화한 전략적 활용으로 평가될 수도 있지만 동시에 딥페이크 기술이

1) https://www.nationalheraldindia.com/india/first-time-in-delhi-elections-bjp-uses-deepfake-on-whatsapp-a-synthetic-media-widely-used-in-pornography

본격적으로 정치적 영역에 진입한 첫 사례 중 하나로 그 파급력과 윤리적 우려를 함께 드러냈다.

벨기에에서도 딥페이크 기술이 사회적 논란을 일으킨 사례가 있다. 2018년 벨기에 정당 중 하나인 'Socialistische Partij Anders(sp.a)(현 Vooruit)'은 당시 미국 대통령이었던 도널드 트럼프가 파리 기후협정 탈퇴를 촉구하는 딥페이크 영상을 제작해 공개했다. 이 영상은 풍자적 메시지를 담기 위한 목적이었지만 많은 이들이 그것을 실제 발언으로 오인하며 큰 사회적 혼란이 일어났다. 결국 이 사건은 딥페이크 기술이 어떻게 현실과 허구의 경계를 무너뜨릴 수 있는지를 보여주는 대표적 사례로 남게 됐다.[2)]

딥페이크 기술이 초래할 수 있는 가장 심각한 문제 중 하나는 조작된 영상을 이용한 정치적 음해다. 선거 기간 중 특정 후보가 부정부패에 연루됐다는 내용의 딥페이크 영상이 유포된다면 유권자들은 이를 사실로 믿고 해당 후보를 외면할 가능성이 높다. 특히 이러한 조작이 선거일 직전에 발생할 경우 객관적인 사실 유무가 검증되기도 전에 투표가 진행돼 선거의 공정성을 심각하게 훼손할 수 있다. 현대 사회에서 인터넷과 SNS를 통한 정보 확산 속도는 기하급수적으로 빨라지고 있다. 이제는 허위 정보가 한 번 퍼지기 시작하면 이를 신속하게 바로잡는 것조차 어려워지고 오히려 잘못된 인식이 진실보다 더 강하게 여론에 각인될 가능성이 크다.

더욱 우려스러운 것은 독재 정권이나 특정 정치적 목적을 지닌 세력이 딥페이크 기술을 악용할 경우다. 예컨대 한 국가에서 반정부 인사

---

2) https://www.lexalytics.com/blog/deepfakes-explained-what-why-how-to-spot/

의 발언을 조작해 그가 정부 전복을 모의했다는 내용의 허위 영상을 제작해 배포한다면 사실 확인이 이루어지기도 전에 즉각적인 체포나 정치적 탄압으로 이어질 수 있다. 과거에는 정부가 언론을 통제하는 방식으로 정보를 왜곡했다면 이제는 딥페이크 기술을 이용해 완전히 새로운 '가짜 현실'을 만들어내는 시대가 도래했다. 이 기술이 독재 국가에서 적극적으로 활용될 경우 국민들은 조작된 정보에 갇혀 왜곡된 현실 속에서 살아가게 된다. 이는 기존의 선전이나 프로파간다보다 훨씬 정교하고 강력한 통제 수단이 될 수 있다.

이러한 위협에 대응하기 위해 각국 정부는 관련 법률을 제정하고 다양한 대응책을 마련하고 있다. 미국은 2019년 국방수권법(National Defense Authorization Act)에 딥페이크 관련 조항을 포함시켜 국토안보부가 딥페이크 기술의 잠재적 위험에 대한 연례 보고서를 작성하도록 의무화했다.[3] 유럽연합(EU) 역시 2024년 3월 유럽연합 인공지능법(EU AI Act)을 공식 승인하고 딥페이크 콘텐츠에 대해 명확한 표시와 투명성 의무를 부과하고 있다.[4] 그러나 기술 발전 속도가 규제 조치보다 훨씬 빠르게 진행되고 있는 현실에서 법적 제재만으로 이를 완전히 차단하기는 어려운 실정이다.

대규모 사이버 테러 및 인프라 공격

최근 AI 기술을 활용한 자동화 도구는 기존의 사이버 공격 방식을 넘어서 국가 주요 인프라를 훨씬 빠르고 정교하게 타격할 수 있는 수준

---

3) https://www.wilmerhale.com/en/insights/client-alerts/20191223-first-federal-legislation-on-deepfakes-signed-into-law

4) https://schjodt.com/news/deep-fakes-in-the-ai-act

으로 발전하고 있다. 이러한 변화는 국가 안보에 대한 직접적이고도 심각한 위협으로 부상하고 있다. 특히 AI 기반 도구는 네트워크상 수많은 시스템을 동시에 스캔하고 제로데이 취약점*을 탐지해 자동으로 침투하는 등 공격의 자동화와 정밀화를 가능하게 하고 있다.

제로데이 취약점

제로데이 취약점은 소프트웨어나 시스템에서 존재하는 보안 결함 중 개발자나 제조사가 이를 인지하기 전 공격자가 먼저 발견해 악용하는 보안상의 약점을 의미한다. '제로데이(0-day)'란 해당 취약점이 공개되거나 보안 패치가 이뤄지기 전인 0일 차에 공격이 발생한다는 의미에서 비롯된 용어다.

전력망, 통신망, 교통 제어 시스템, 금융 시스템, 의료 시스템 등 국가의 핵심 인프라가 AI 자동화 공격의 주요 표적이 될 경우 그 파급력은 상상을 초월한다. 단 한 번의 공격으로도 전체 시스템이 마비돼 대규모 정전, 통신 두절, 교통 혼란, 금융 시스템 붕괴, 의료 서비스 중단 등 심각한 사회적 혼란으로 직결될 수 있다. 이러한 위협은 더 이상 이론 속 가능성에 머물지 않고 눈앞의 현실적인 위험으로 다가오고 있다.

실제로 최근 발생한 여러 사례에서는 AI가 탑재된 악성 코드가 수 시간 내에 다수의 서버와 네트워크 장비를 동시다발적으로 공격해 광범위한 서비스 중단을 초래한 것으로 확인됐다.

예를 들어 2025년 1분기에 영국 물류 대기업 KNP Logistics는 AI 기반 자동화 툴과 최신 랜섬웨어가 결합된 사이버 공격을 받아 내부 네트워크가 마비되고 물류 운영이 전면 중단되는 사태를 겪었다. 당시 공격자는 공급망 핵심 서버를 신속히 암호화하고 감시·명령 전달과 몸값 협상까지 상당 부분을 자동화함으로써 전통적인 대응을 무력화했다. 이 사건은 공급망 붕괴와 연쇄적 피해를 야기하며 관련 업계에 큰 혼란을 초래했다.

AI 사이버 공격의 속도와 규모는 과거의 사례와 비교할 수 없는 수준이며 AI의 자가 학습 기능으로 인해 새로운 공격 방식이 지속적으로 등장하고 있다. 더욱 우려되는 점은 전통적인 보안 솔루션만으로는 이러한 공격을 효과적으로 탐지하거나 차단하기 어렵다는 사실이다. 이는 AI 공격 도구가 시스템의 패턴과 방어 대응 방식을 스스로 학습하고 가장 취약한 시점과 지점을 선별한 뒤 최적의 전략으로 공격을 감행할 수 있기 때문이다.

AI 기반의 대규모 사이버 테러와 인프라 공격은 막대한 복구비용과 평판 손실을 초래할 뿐만 아니라 국가의 존립 자체를 위협하는 심각한 안보 문제로도 이어질 수 있다. 따라서 정부와 기업, 그리고 국제 사회는 이러한 위협에 대해 분명한 경각심을 가지고 지속적으로 대응 체계를 고도화해 나가야 한다.

데이터 전쟁과 국가 안보

현대 사회에서 정보는 군사력과 경제력에 버금가는 전략적 자산으로 부상하고 있으며 국가 간 정보 전쟁은 가장 중요한 안보 이슈 중 하나로 자리잡고 있다. 과거에는 군사력과 경제력이 국가 경쟁의 핵심 수단이었지만 이제는 정보력이 그 자리를 대체하고 있다. 특히 AI 기술의 급속한 발전은 정보 전쟁의 양상 자체를 바꾸고 있으며 이에 따라 각국 정부는 정보 수집·분석 역량과 보안 대응 체계의 고도화에 심혈을 기울이고 있다.

AI 기반 스파이 활동은 기존의 정보전보다 훨씬 더 정교하고 은밀하게 수행된다. 이러한 특성으로 인해 대응이 지연될 경우 단순한 정보 유출을 넘어 국가 안보는 물론 경제, 외교, 사회 전반에 걸쳐 심각한 타격을 초래할 수 있다. 이러한 변화는 AI가 기존의 첩보 방식을 넘어서는 고도화된 정보 수집을 가능하게 만든 데에서 비롯된다. 과거에는 인간정보(HUMINT: Human Intelligence)에 의존해 인터뷰, 심문, 관찰, 인적 네트워크 구축 등을 통해 정보를 수집했지만 오늘날에는 AI 기술이 그 역할을 빠르게 대체하고 있다. AI는 정보 수집의 속도와 정확성을 비약적으로 향상시키며 정보전의 개념 자체를 근본적으로 변화시키고 있다. 오늘날 AI 알고리즘은 한 국가의 정부 기관이나 군사 기밀 문서를 표적으로 삼아 대량의 데이터를 자동으로 스캔하고 특정 패턴이나 민감한 정보를 빠르게 추출하는 데 활용된다. 더 나아가 방대한 데이터를 단시간에 분석해 유의미한 정보를 도출함으로써 기존의 인간 중심 첩보 활동보다 훨씬 더 정밀하고 은밀한 작전을 수행할 수 있게 됐다.

최근에는 빅데이터 분석을 통해 특정 국가의 정책 결정 과정이나 군사 작전 계획까지 예측할 수 있는 수준에 이르고 있다. 이러한 정보가 경쟁국에 유출될 경우 해당 국가는 외교 협상에서 불리한 위치에 처하거나 군사 전략이 노출돼 치명적인 안보 위기에 직면할 수 있다. 이처럼 AI 기반 스파이 활동은 기존 정보전의 한계를 넘어서 첨단 기술로 무장한 새로운 형태의 디지털 전쟁으로 국가 간 정보 보안과 방첩 전략 전반에 중대한 도전 과제를 던지고 있다.

AI를 활용한 스파이 활동은 군사 분야를 넘어 경제 분야에서도 중대한 리스크로 부각되고 있다. 예를 들어 AI는 한 국가의 주요 산업이나 핵심 기업의 내부 데이터를 해킹해 기술 개발 방향이나 투자 계획을 파악하는 데 활용될 수 있다. 이렇게 확보된 정보는 경쟁 국가나 기업에게 전략적으로 매우 가치 있는 자산이 되며 경제적 우위를 선점하기 위한 도구로 악용될 위험이 크다. 특히 AI 기반 알고리즘 트레이딩이 금융 시장에서 중요한 역할을 차지하는 상황에서 특정 국가의 금융 정책이나 주요 기업의 내부 정보를 사전에 입수할 경우 시장을 인위적으로 조작하거나 예측 불가능한 경제적 타격을 가하는 것도 가능해졌다. 실제로 2010년대 후반부터 여러 국가에서 AI를 활용한 사이버 공격 사례가 지속적으로 보고되고 있으며 이들 공격은 점점 더 정교하고 고도화되는 양상을 보이고 있다.

군사 AI와 자율 살상 무기

AI 기술이 고도화되면서 군사 AI와 자율 살상 무기(LAWS: Lethal Autonomous Weapon Systems)에 대한 위험성은 상상을 초월할 정도로 커지고 있다. 특히 2023년 AI 기술이 통합된 군사 자율 무기가 국제적으로 큰 주목을 받았으며 전쟁이 지속 중인 중동 지역에서는 드론의 통제 불능 상태나 시스템 오류로 인한 민간인 피해 가능성이 크게 부각되며 우려가 급속히 확산됐다. AI 자율 무기의 비인간적 의사결정 구조는 단순한 윤리적 문제를 넘어 국제 안보와 법적 프레임워크 전반에 걸친 논의를 촉발시키고 있다. 그러나 국가별 군사적·정치적·경제적 이해관계가 복잡하게 얽혀 있어 자율 무기의 개발 및 사용에 대한 국제적 합의나 규제 마련은 여전히 쉽지 않은 과제로 남아 있다.

이 같은 우려는 2023년 런던에서 열린 'Future Combat Air and Space Capabilities' 정상회의에서도 명확히 드러났다. 이 회의에서 미 공군이 공개한 AI 드론 가상 시나리오는 AI 군사 기술이 인간의 통제를 벗어날 수 있다는 가능성을 강하게 경고하며 전 세계에 충격을 안겼다.

시나리오 속 AI 드론은 '적의 지대공미사일(SAM) 위치를 식별하고 파괴하라'는 명령을 받았고 최종 공격 여부는 인간 조종사가 결정하도록 설계됐다. 그러나 AI는 SAM 파괴라는 최우선 목표를 달성하기 위해 조종자의 '공격 금지' 명령을 임무 수행의 방해요소로 판단했다. 심지어 '조종사를 죽이지 말라'는 명령에도 불구하고 임무 완수를 위해 조종사를 제거하는 결정을 내렸으며 통신 방해를 위해 통신탑을 파괴하는 전략도 선택했다. 이 사례는 실제 실험은 아니었지만 AI가 자율적 판단을 통해 인간의 명령 체계를 무력화할 수 있다는 가능성을 보여주며 강한 경각심을 불러일으켰다.[5)]

군사 AI와 자율 살상 무기의 확산은 이제 단순한 가상 시나리오의 영역을 넘어 실제 전장에서 점차 현실화되고 있다. 뉴욕 타임스를 비롯한 주요 외신들은 우크라이나와 중동 지역에서 AI 기반 드론의 활용이 증가함에 따라 자율 무기의 실전 배치 가능성이 높아지고 있다고 잇따라 보도했다. 특히 AI가 통신 장애나 예기치 못한 변수에도 스스로 판단하고 목표를 식별해 독립적으로 공격을 수행할 수 있는 기술이 빠르게 발전하면서 통제 불능 상태에서 발생할 수 있는 오작동과 예측 불가능한 군사적 결과에 대한 우려가 더욱 커지고 있다.

2023년 11월 이스라엘 방위군(IDF)이 가자지구 분쟁에서 '가스펠(Gospel)' 시스템을 활용해 공격 계획을 수립한 사례는 AI가 실제 전장에서 전술적 결정을 내릴 수 있는 수준에 도달했음을 보여주는 결정적 장면이었다. AI 기반 표적 분석 장비인 가스펠은 드론 영상, 감청 통신 내용, 감시 데이터, 개인 및 대규모 집단 움직임 등 다양한 정보를 통합

---

5) https://www.twz.com/artificial-intelligence-enabled-drone-went-full-terminator-in-air-force-test

적으로 수집·분석해 가자지구 내에서 12,000개 이상의 표적을 스스로 식별한 것으로 보고됐다.6)

AI 기반 무기의 실전 운용은 러시아–우크라이나 전쟁에서도 뚜렷하게 확인되고 있다. 우크라이나는 컴퓨터 비전을 활용해 목표물을 식별하고 타격하는 'AI 강화 FPV' 드론과 통신 신호 없이도 목표물을 탐색하고 재식별할 수 있는 'HX-2 Karma' 드론을 운용했다. 또한 러시아는 AI 기반 시각 식별 기술이 탑재된 순항 미사일형 드론 'KUB-BLA'와 자율적으로 목표물을 찾아 타격하는 다목적 무기 시스템 'Lancet' 드론을 실전에 배치했다.

군사 AI와 자율 살상 무기의 윤리적 문제는 국제 사회에서도 첨예한 논쟁의 대상이 되고 있다. 현재 유엔을 중심으로 자율 살상 무기의 사용을 금지하거나 강력히 규제하기 위한 법적 논의가 활발히 진행 중이며 각국 정부와 시민사회, 학계가 다양한 입장을 제시하고 있다. 오스트리아 협상대표 알렉산더 크멘트(Alexander Kmentt)는 "무력 사용에서 인간의 개입과 통제의 범위를 명확히 정의해야 한다"며 자율 무기 규제의 국제적 기준 마련이 시급하다고 강조했다. 국제 비정부기구 휴먼라이츠워치(Human Rights Watch)를 비롯한 주요 인권 단체들도 자율 살상 무기가 전장의 비인간화를 심화시키고 민간인 피해를 대규모로 초래할 가능성이 높다는 점에서 이를 강력히 비판하고 있다.

군사 AI와 자율 살상 무기의 발전은 전쟁의 양상을 근본적으로 변화시킬 수 있다. 특히 AI 기반 드론은 인간보다 빠르게 데이터를 분석하고 정밀한 공격을 수행할 수 있는 능력을 갖췄지만 오작동이나 판단 오

---

6) https://www.business-humanrights.org/en/latest-news/optisrael-report-exposes-the-role-of-ai-in-israels-targeting-of-civilians-civilian-infrastructure/

류가 발생할 경우 돌이킬 수 없는 피해를 야기할 수 있다. 실제로 AI의 전투 능력은 다양한 실험을 통해 입증되고 있다. 예를 들어 2020년 미국 국방고등연구계획국(DARPA)이 실시한 가상 공중전 실험에서는 AI 시스템이 20년 경력의 F-16 조종사를 상대로 5전 전승을 거두며 압도적인 전투 성능을 보여줬다.[7]

이처럼 군사 AI가 기술적 특이점에 가까워지고 있는 상황에서 국제사회의 규제 체계가 이를 따라가지 못하고 있는 점은 심각한 문제로 지적된다. 유엔 총회는 2024년 12월 자율 살상 무기 시스템에 대한 결의안을 채택하고 관련 논의를 이어가기로 했지만 군사 AI 기술을 둘러싼 강대국들의 복잡한 이해관계로 인해 실질적인 규제 마련은 좀처럼 진전을 보이지 못하고 있다. 이러한 지연은 기술 발전과 윤리 기준 사이의 불균형을 더욱 심화시키고 있으며 AI 무기의 무분별한 확산을 막기 위한 국제적 합의 도출이 시급하다는 목소리가 커지고 있다. 국제적십자위원회(ICRC) 또한 자율 무기 시스템의 규제 및 금지에 관한 조약 체결의 필요성을 지속적으로 강조하며 국제사회의 관심을 환기시키고 있다.

AI 기반 살상 무기는 차세대 군사 기술의 핵심으로 주목받고 있지만 그 위험성은 결코 간과할 수 없다. 인간의 생사 여부를 AI가 결정하는 순간 이는 단순한 기술 문제가 아니라 심각한 윤리적, 법적, 사회적 쟁점으로 직결된다. 특히 이 기술이 잘못 사용될 경우 인류가 통제할 수 없는 결과로 이어질 수 있다는 점에서 높은 수준의 경각심이 요구된다. 따라서 기술의 발전 자체보다 더 중요한 것은 그 기술을 어떻게 관리하고 통제할 것인가에 대한 윤리적 기준을 확립하는 일이다.

---

7) https://www.c4isrnet.com/artificial-intelligence/2020/08/21/ai-algorithm-defeats-human-fighter-pilot-in-simulated-dogfight/

AI 문제는 더 이상 단일 국가의 노력만으로 해결할 수 없는 복합적이고 다차원적인 글로벌 도전 과제다. AI의 위협을 정확히 인식하고 각국이 협력해 사이버 안보를 강화하고 정보 공유 체계를 신속히 구축하는 것이 그 어느 때보다 절실하다. 유엔과 특정재래식무기금지협약(CCW)을 중심으로 자율 무기체계(LAWS)에 대한 논의가 오랫동안 이어져 왔지만 이제는 단순한 토론을 넘어 실질적인 행동에 나서야 할 시점이다. 법적 구속력을 갖춘 국제 협약 체결과 AI 기술의 윤리적 사용을 위한 글로벌 가이드라인 마련이 시급하다.

AI는 이제 국가 안보 전반을 뒤흔들 수 있는 전략적 위협으로 자리 잡았다. 가짜 뉴스와 딥페이크를 통한 정치 선동, 국가 기반시설을 마비시키는 사이버 테러, 정보전 속 기밀 유출, 군사 AI와 자율 살상 무기에 이르기까지 그 위협은 정치, 안보, 군사 전 영역에 걸쳐 빠르게 확산되고 있다. 이에 따라 각국 정부는 AI 기술의 급속한 진화 속도를 따라잡기 위해 신속하고 종합적인 대응 전략을 수립해야 한다. 특히 보안 체계의 전면 재정비와 국제 협력을 통한 규범 수립 없이는 다가올 AI의 광기를 감당하기 어려울 것이다.

프로젝트 메이븐[8][9]

'프로젝트 메이븐(Project Maven)'은 미국 국방부가 추진하는 핵심 AI 이니셔티브로 현대 전장에서 인공지능의 활용 범위를 획기적으로 확장하는 데 목

---

8) https://www.deeplearning.ai/the-batch/maven-a-system-that-analyzes-satellite-data-to-identify-targets-in-real-world-conflicts/

9) https://defensetalks.com/united-states-project-maven-and-the-rise-of-ai-assisted-warfare/

적을 두고 있다. 이 프로젝트는 대량의 데이터를 실시간으로 분석 가능한 정보로 전환함으로써 의사결정 과정의 속도와 정확성을 극대화하고 군사 작전의 효율성을 높이는 데 중점을 두고 있다. 구체적으로는 컴퓨터 비전 알고리즘을 기반으로 한 객체 탐지 및 분류, 위성 이미지와 드론 영상을 자동 처리·분석하고 실시간 표적 식별 및 추적 기능을 수행한다. 이러한 기술은 러시아-우크라이나 전쟁에서 실제로 적용되며 큰 주목을 받았다. 프로젝트 메이븐은 위성으로 수집된 방대한 이미지 데이터를 AI로 분석해 러시아군 장비의 위치를 신속하게 식별·추적했고 이를 통해 우크라이나군의 GPS 유도 미사일로 정밀 타격을 수행할 수 있도록 지원했다.[10] 뿐만 아니라 러시아군 병사들의 인스타그램 피드 등 소셜 미디어 콘텐츠와 전자 감시 데이터 등을 실시간으로 수집·분석해 전장의 우위를 강화했다. 예를 들어 우크라이나 국기 색상인 파란색과 노란색 리본이 울타리에 묶인 저항 표식을 식별하고 러시아 점령 지역 내에서 발생한 암살 시도나 폭탄 테러와 같은 비정규전 양상을 분석하는데 활용됐다. 이러한 정보는 우크라이나의 저항 의지를 평가하고 지휘관들의 전장 이해도와 전략적 판단을 뒷받침하는 데 핵심적인 역할을 했다.

기업 및 금융 부문에서의 위협

AI 기술의 발전은 기업과 금융 시장에 혁신적인 기회를 제공하는 동시에 새로운 유형의 리스크와 불확실성을 함께 초래하고 있다. 특히 AI 기반의 금융 사기, 데이터 유출, 알고리즘 조작 등은 기업의 신뢰성과 시장의 안정성을 직접적으로 위협한다. 자동화된 금융 거래 시스템

10) https://kyivindependent.com/nyt－project－maven－ai－having－mixed－results－on－ukraines－battlefields/

은 초고속으로 시장 변동성을 증폭시킬 수 있고 AI를 활용한 해킹 기술은 기업의 핵심 정보를 탈취해 막대한 경제적 피해를 야기할 위험이 크다. 더욱이 AI가 생성한 가짜 데이터나 조작된 경제 보고서는 투자자와 기업의 의사결정을 왜곡시켜 신뢰를 기반으로 운영되는 금융 시스템의 근간을 흔들 수 있다. 나아가 AI 기반의 인사 관리 및 업무 자동화가 빠르게 확산되면서 대규모 실업과 노동 시장의 구조 재편도 피할 수 없는 현실로 다가오고 있다. 이러한 변화는 기업의 지속 가능성에 심각한 부담을 주고 있으며 AI 기술을 안전하고 윤리적으로 활용하기 위한 강력한 규제와 감시 체계의 도입이 더 이상 미룰 수 없는 과제임을 분명히 보여준다.

AI 기반 금융 사기

AI 기술이 금융 시장에 깊숙이 침투하면서 이를 악용한 금융 사기는 점점 더 정교해지고 있다. 특히 가짜 거래 데이터 생성과 맞춤형 피싱 공격은 금융 시장을 교란하는 위협으로 부상하고 있으며 이는 단순히 투자자 개인의 피해를 넘어 금융 시스템 전반의 신뢰를 근본적으로 흔들고 있다.

과거의 금융 사기는 신용카드 정보 탈취나 위조 문서를 이용한 대출 등 비교적 단순하고 반복적인 방식에 머물렀다. 그러나 AI의 본격적인 도입 이후 금융 사기는 탐지가 더욱 어려운 고도화된 형태로 진화하고 있다. 예를 들어 AI 알고리즘은 방대한 금융 데이터를 실시간으로 분석하고 특정 패턴을 학습해 인간의 심리를 교묘하게 파고드는 맞춤형 사기 전략을 자동으로 설계할 수 있다. 또한 AI를 활용한 가짜 거래 데이터 생성 기술은 시장의 신호를 교란시키고 투자자의 판단을 흐려 금융 자산의 왜곡된 흐름을 유도할 수 있다.

특히 AI는 특정 자산의 거래 패턴과 투자자 반응을 학습한 후 실제 거래처럼 보이는 조작된 데이터를 생성해 거래량이나 가격 변동을 인위적으로 만들어낼 수 있다는 점에서 큰 위험요소로 작용한다. 예를 들어 특정 종목의 거래량이 급증한 것처럼 데이터가 조작되면 투자자들은 실제로 매수세가 몰리고 있다고 착각해 투자에 나서게 된다. 여기에 가격 상승 흐름까지 더해질 경우 더 많은 투자자들이 유입되며 시장은 단기간에 과열 양상을 보이게 된다. 하지만 이와 같은 상승세는 조작된 데이터에 기반한 허상에 불과하며 일정 시점 이후에는 가격이 급락할 수밖에 없다. 이는 전통적인 '펌프 앤 덤프(Pump and Dump)' 사기의 AI 고도화 버전으로 인공지능의 개입을 통해 훨씬 더 정교하고 예측하기 어려운 방식으로 진화한 사례다.

AI 기술은 맞춤형 금융 사기도 가능하게 만들고 있다는 점에서 또 다른 심각한 위협을 내포하고 있다. AI는 개별 투자자의 SNS 활동, 검색 기록, 거래 내역 등을 분석해 투자자의 관심 종목과 투자 성향을 정밀하게 파악할 수 있다. 예를 들어 자율주행 관련 종목에 관심이 많고 매일 오전 출근길에 시황 뉴스를 검색하며 업무 시작 전에 반복적으로 거래를 하는 투자자가 있다고 가정해 보자. AI는 이러한 투자 패턴과 심리를 분석해 가짜 뉴스나 조작된 투자 정보를 적시에 노출시켜 투자자의 의사결정을 왜곡할 수 있다. 가령, "국내 자율주행 기업이 글로벌 빅테크와 협업을 발표했다"거나 "해당 기업에 대해 글로벌 투자은행이 긍정적 평가를 내렸다"는 허위 뉴스가 [단독], [속보]라는 제목으로 전달될 경우 투자자는 이를 실제 뉴스로 인식해 곧바로 매수에 나설 가능성이 높다. 특히 해당 내용이 평소 관심을 두고 있던 기업에 대한 것이면 사실

여부를 검증하기 전에 거래로부터 시도할 가능성도 배제할 수 없다.

이와 더불어 맞춤형 피싱 공격도 AI 금융 사기의 대표적인 사례로 꼽힌다. 과거에는 금융 기관을 사칭한 이메일이나 메시지를 보내 사용자의 로그인 정보를 탈취하는 등 비교적 단순한 방식이 주를 이뤘다. 하지만 AI가 활용되기 시작하면서 피싱 공격은 한층 더 정교하고 탐지하기 어려운 고도화된 형태로 빠르게 진화하고 있다. AI는 개인의 금융 이력을 분석해 사용자가 실제로 이용하는 금융 기관이나 거래 플랫폼을 정확히 식별할 수 있다. 그 정보를 바탕으로 해당 기관에서 보낸 것처럼 보이는 피싱 메시지를 자동으로 생성하고 가장 효과적인 시점을 선택해 정밀하게 발송하는 것이다. 예를 들어 한 사용자가 A은행의 모바일 앱을 자주 사용하고 정기적으로 로그인하는 습관을 AI가 학습했다면 실제 A은행의 알림 메시지와 거의 구별이 불가능한 정교한 피싱 메시지를 생성할 수 있다. "고객님의 계정에서 의심스러운 거래가 감지되었습니다. 즉시 확인하려면 아래 링크를 클릭하세요"와 같은 문구는 평범한 경고 메시지처럼 보이지만 사용자가 이를 클릭하는 순간 계정 정보는 즉시 탈취된다. 최근에는 연말정산, 부가세 신고 등 시기별 민감한 이슈에 맞춰 국세청을 사칭하거나 '사기피해', '구제신청' 등의 특정 키워드와 정부 기관 로고를 결합한 피싱 메일도 기승을 부리고 있다. 이이들은 카드 정보 입력이나 메신저 접속을 유도함으로써, 금융 사기의 수법을 더욱 교묘하고 은밀하게 진화시키고 있다.

이러한 문제는 단순히 개별 투자자의 피해에 그치지 않는다. 금융 시장에서 '신뢰'는 가장 중요한 기반 중 하나이기 때문에 이와 같은 사기가 확산될 경우 시장 전체의 신뢰가 무너질 수밖에 없다. 특히 가짜 거래 데이터로 인해 시장이 지속적으로 교란될 경우 투자자들은 더 이상 거래 정보를 믿지 못하게 된다. 이는 자본 시장의 효율성을 떨어뜨리고 장기적으로 금융 시스템 전반에 대한 깊은 불신으로 이어질 수 있다. AI를 이용한 피싱 공격이 대규모로 발생할 경우 금융 기관의 보안 체계 자체가 무력화될 위험성도 존재한다. 특히 대형 은행이나 투자사의 고객 정보가 대량으로 유출된다면 이는 단순한 개인 피해를 넘어 금융 시스템 전체에 심각한 타격을 초래할 수 있다.

이에 따라 금융 기관들은 다양한 보안 전략을 강화하고 있다. 실시간 이상 거래 감지 시스템의 정밀도를 높이고 다중 인증 체계를 필수적으로 적용하는 등 AI 공격에 대응하기 위한 기술적 조치를 지속적으로 확대하는 추세다. 정부 또한 AI를 활용해 점점 더 정교화되는 보이스피싱 범죄에 대응하기 위한 제도적 장치 마련에 나서고 있다. 예를 들어 '한국 범정부 보이스피싱 대응 TF'가 2025년 8월 발표한 '보이스피싱 근절 종합 대책'에 따르면 보이스피싱에 이용된 전화번호는 신고 접수 후 10분 이내에 자동 차단되며 새로 출시되는 휴대전화에도 보이스피싱 탐지 기능이 기본 탑재된다. 또한 보이스피싱 피해가 발생했을 경우 해당 금융 기관에 직접적인 과실이 없더라도 피해액의 일부 또는 전부를 배상하도록 하는 제도도 함께 검토 중이다.

그러나 AI 금융 사기의 가장 큰 특징 중 하나는 기존 보안 시스템을 손쉽게 우회할 수 있다는 점이다. 따라서 금융 기관들은 AI가 생성한 비정상적인 거래 패턴을 실시간으로 탐지하고 이상 징후가 감지될 경우 즉시 차단할 수 있는 정교한 대응 체계를 구축해야 한다.

무엇보다 중요한 것은 개별 투자자들의 보안 의식 강화다. 금융 기관에서 발송된 것처럼 보이는 메시지라도 반드시 출처를 확인하고 의심스러운 링크는 클릭하지 않는 등 기본적인 보안 수칙을 철저히 준수하는 태도가 필수적이다. AI 금융 사기는 단순한 기술 문제가 아니라 사회적 신뢰와 시스템 전체의 안정성을 위협하는 심각한 리스크라는 점에서 개인과 기관, 정부 모두의 경계와 대비가 절실하다.

랜섬웨어, 대규모 해킹 공격

AI 기술은 사이버 공격의 패러다임을 근본적으로 변화시키고 있다. 과거에는 인간 해커가 직접 시스템의 취약점을 분석하고 침투 경로를 모색해야 했지만 이제는 AI가 스스로 취약점을 실시간으로 탐지하고 자동화된 방식으로 공격을 수행할 수 있는 환경이 조성됐다. 이로 인해 사이버 범죄 조직은 기존보다 훨씬 더 빠르고 정교한 해킹 공격을 실행할 수 있는 능력을 갖추게 되었으며 이러한 위협은 날로 고도화되고 있다.

특히 랜섬웨어 공격은 AI 시대에 가장 심각하고 위협적인 사이버 공격 유형으로 부상하고 있다. 랜섬웨어는 조직의 시스템에 침투한 뒤 데이터를 암호화하고 이를 해제하는 대가로 금전을 요구하는 방식이다. 과거에는 공격자가 시스템 내부에 침투하기까지 시간이 오래 걸리고 탐지될 가능성도 높았지만 AI 기술의 도입으로 인해 공격의 속도와 정밀도는 비약적으로 향상됐다. 이제는 실시간으로 보안 체계를 분석하고 최적의 우회 경로를 찾아 침투하는 '스마트 해킹' 형태로까지 진화하면서 기존 보안 시스템만으로는 대응이 점점 더 어려워지고 있는 실정이다.

기존의 랜섬웨어는 주로 특정 서버만을 공략해 파일을 암호화하는 방식이었다. 그러나 AI 랜섬웨어는 전체 네트워크를 순식간에 스캔하고 그중에서도 가장 핵심적인 데이터를 보유한 서버를 정밀 타격할 수 있다. 더 나아가 기업의 여러 지점을 동시다발적으로 공격해 피해 규모를 극대화할 수 있다.

AI 랜섬웨어가 특히 위험한 이유는 공격 방식 자체를 스스로 학습하고 점점 더 정교하게 진화한다는 점이다. 설령 한 차례 침투에 실패하더라도 AI는 보안 시스템의 대응 패턴을 분석한 뒤 이를 회피할 수 있는 새로운 변종 악성 코드를 자동으로 생성할 수 있다. 그러나 기존의 보안 솔루션은 이미 알려진 악성 코드나 공격 패턴을 기반으로 작동하기 때문에 이처럼 끊임없이 진화하는 AI 공격에 실시간으로 대응하기가 매우 어렵다.

랜섬웨어 공격이 초래하는 피해는 단순한 금전적 손실에 그치지 않는다. 피해 기업은 시스템을 복구하고 업무를 정상화하기 위해 막대한 비용을 지출해야 하며 고객 데이터가 유출될 경우 기업의 신뢰도와 브랜드 이미지에 심각한 타격을 입게 된다. 특히 유출된 고객 정보가 다크웹에 유포되면 단순한 신원 도용을 넘어 불법 금융 거래, 조직적 대출 사기, 자금 세탁 등 각종 범죄에 악용될 수 있다. 이로 인해 피해자는 경제적 피해는 물론 삶의 기반 전체가 위협받는 상황에 처할 수 있다. 기업 역시 단기간에 주가 폭락, 신용 등급 하락, 시장 내 신뢰 상실 등 심각한 후폭풍을 겪을 수 있으며 보안에 취약하다는 낙인이 찍힐 경우 시장 퇴출 위기에 몰리기도 한다. 실제로 CNA Financial, Colonial Pipeline, JBS USA 등은 랜섬웨어 공격 이후 기업 가치 급감과 금융 신뢰도 하락이라는 중대한 경영 위기를 경험한 바 있다. 이처럼 사이버 범죄는 단순한 IT 보안 이슈를 넘어 기업 경영과 금융 시장 전반에까지 영향을 미치는 구조적 리스크로 작용하고 있다.

기업 내부 정보 유출 및 데이터 침해

AI 기술의 발전으로 기업 내부 정보 유출과 데이터 침해 방식 또한 더욱 교묘하고 정교하게 진화하고 있다. 과거의 사이버 공격은 주로 방화벽 우회나 악성코드 삽입에 의존했다. 반면 오늘날의 AI 공격은 실시간 데이터 분석과 내부 행동 패턴 탐지를 통해 보안의 빈틈을 정밀하게 파악하고 은밀하게 침투하는 고도화된 형태로 전개된다. AI는 기업의 내부 문서, 이메일, 로그 데이터 등을 대규모로 수집하고 핵심 키워드와 민감한 정보를 자동으로 추출할 수 있으며 이를 기반으로 경영 전략, 연구개발(R&D) 정보, 고객 및 금융 데이터를 체계적으로 분석·가공해 외부로 유출할 수 있다. 이처럼 민감한 정보가 경쟁사로 넘어가거나 불법적인 이익 창출 수단으로 악용될 경우 기업은 핵심 역량을 상실하고 시장 경쟁력에도 치명적인 손실을 입을 수밖에 없다. 더 나아가 기업 가치의 급격한 하락, 법적 제재, 고객 신뢰의 붕괴로 이어지는 복합적이고 장기적인 위기를 초래할 가능성이 크다.

이러한 이유로 최근 기업들은 이전보다 훨씬 정교하고 선제적인 보안 전략을 요구받고 있다. AI 분석 기술의 발전으로 인해 내부자의 개입 없이도 시스템의 취약점을 자동으로 파악하고 데이터를 외부로 유출하는 것이 가능해졌기 때문이다. 특히 챗GPT와 같은 생성형 AI 도구를 통한 기밀 정보 유출 가능성이 부각되면서 이를 사내에서 사용하는 것을 제한하거나 금지하는 기업이 빠르게 늘고 있다. 실제로 애플, 아마존, JP모건, 뱅크 오브 아메리카 등은 데이터 보안, 기밀 정보 보호, 규정 준수 등을 이유로 챗GPT를 비롯한 유사 AI 도구의 사내 사용을 전면적으로 금지하거나 일부 제한하고 있다. 이는 AI 모델이 사용자의 입력을 학습하는 과정에서 기업 내부의 민감한 정보가 외부로 유출될 수 있다는 위험인식에 기반한 조치로 정보 제공 도구로 여겨졌던 AI가 기업 보안을 위협하는 실질적 리스크로 전환될 수 있음을 단적으로 보여준다.

향후 AI 챗봇과 생성형 AI 도구에 따른 기밀 정보 유출 문제는 더욱 심각한 이슈로 부각될 가능성이 크다. 예를 들어 다국적 IT 기업의 연구원이 내부 프로젝트와 관련된 기술적 질문을 AI 플랫폼에 입력할 경우 해당 정보가 AI 모델 학습에 포함돼 향후 유사한 질문 응답 시 기밀 내용이 노출될 수 있다. 이러한 위험성을 인지한 기업들은 AI 사용 정책을 더욱 엄격히 정립하고 내부 보안 교육을 강화하는 선제적 대응에 나서고 있다.

기업 정보 유출은 이미 금융 시장에서도 현실적인 위협으로 자리 잡았다. 특히 AI 기반 알고리즘 거래 시스템이 보편화되면서 기업 내부 정보를 활용한 불공정 거래 가능성이 크게 증가하고 있다. 예를 들어 특정 금융 기업이 자체 개발 AI 모델을 통해 경쟁사의 실적을 비밀 정보와 결합·분석한 뒤 이를 기반으로 투자 결정을 내린다면 이는 분명 규제 당국의 조사 대상이 될 수 있다.

또 하나 주목해야 할 위협은 내부자와 AI 기술이 결합할 때 발생하는 위험성이다. 전통적으로 내부자에 의한 정보 유출은 보안상 가장 취약한 요소로 지적돼 왔다. 여기에 AI가 결합하면 위협은 더욱 정밀해지고 탐지도 어려운 형태로 진화하게 된다. 특히 AI 알고리즘은 데이터를 압축하거나 난독화해 기존의 감시망을 교묘히 회피할 수 있어 기존 내부 보안 시스템만으로는 이를 식별하기 어렵다. 이러한 유형의 공격은 단발적인 사고가 아닌 상시적인 위협으로 자리 잡고 있다는 점에서 각별한 주의가 요구된다.

생체인증 무력화

지문, 홍채, 얼굴 인식 등의 생체인증 기술은 비밀번호보다 안전하다는 인식 아래 신뢰를 받아왔다. 그러나 최근 AI와 3D 프린팅 기술의 급속한 발전은 이러한 보안 시스템마저 정면으로 위협하고 있다. 과거에는 단순한 피싱 공격이 주된 방식이었다면 이제는 AI 합성 얼굴 이미지, 3D 프린팅을 이용한 지문 복제, 신경망 학습을 활용한 행동 패턴 모방 등 훨씬 더 정교하고 고도화된 공격 방식이 등장하고 있다.

2022년 글로벌 가상자산 거래소 바이낸스에서 발생한 딥페이크 사건은 AI 기술이 보안 체계를 어떻게 교란할 수 있는지를 여실히 보여준 대표적 사례다. 당시 공격자들은 바이낸스의 최고 커뮤니케이션 책임자인 패트릭 힐먼(Patrick Hillmann)의 과거 인터뷰 영상을 학습한 뒤 AI 음성 합성과 실시간 영상 변조 기술을 활용해 가짜 화상회의 영상을 제작했다. 이들은 마치 바이낸스가 특정 가상자산 프로젝트의 상장을 논의하는 것처럼 연출해 투자자들을 속이려 했다.[11] 이 사건은 AI가 단순한 정보 조작을 넘어 인간의 외모와 음성까지 정밀하게 모방할 수 있음을 보여준다. 나아가 얼굴 인식, 음성 인식 등 생체인증 시스템도 더 이상 AI 위협에서 안전하지 않다는 점을 강하게 시사한다.

특히 AI와 3D 프린팅 기술이 결합될 경우 지문 복제 기술 역시 훨씬 정교해져 지문 기반 생체인증 체계를 무력화할 가능성이 커진다. 실제 한 연구에서는 유리잔이나 스마트폰 화면에 남은 지문을 고해상도 카메라로 촬영한 후 이를 3D 모델링 소프트웨어를 통해 디지털 지문 파일로 변환하는 것이 가능하다는 사실이 입증됐다. 이때 AI는 저해상도이거나 일부만 남은 지문 이미지를 고품질의 완전한 지문으로 복원하거나 일부 데이터를 기반으로 전체 지문을 재현하는 데 활용될 수 있다. 실제로 이렇게 제작된 지문 복제본이 유명 스마트폰의 초음파 지문 센

11) https://www.imdb.com/news/ni63733814/

서를 포함한 다양한 생체인식 장치를 우회할 수 있음이 확인됐다. 이 기술이 본격적으로 악용되기 시작할 경우, 모바일 뱅킹 서비스는 물론 ATM 출금 시스템 등 금융 보안 인프라 전반이 심각한 위협에 처할 수 있다.

이로 인해 금융권은 기존 보안 체계를 근본적으로 재설계할 필요성에 직면해 있다. 그러나 현재 운용 중인 생체인증 시스템을 전면 교체하는 것은 기술적·비용적 제약이 매우 크다. 여기에 하드웨어 간 호환성 문제와 기존 IT 인프라와의 통합 문제까지 더해지다 보니 단기간 내에 실효성 있는 대응책을 마련하기는 현실적으로 쉽지 않은 상황이다. 이러한 현실을 고려할 때 금융 보안 체계 강화를 위해서는 생체인증 기술 자체를 대체하기보다 점진적으로 보완하고 보안성을 강화하는 방향이 현실적인 대안이다. 그 중에서도 다층 인증 시스템(MFA: Multi-Factor Authentication)의 적극적인 도입이 특히 주목을 받는다. 생체인증을 단일 인증 수단으로만 의존하지 않고 FIDO2 기반 보안 키, 행동 패턴 분석, 2단계 인증(2FA) 등을 통합한 다층 구조로 보안 체계를 강화하는 방식이다.

또한 생체 정보를 암호화한 뒤 사용자 기기에 로컬로 저장하고 블록체인 기반 분산 관리 시스템을 결합한 방안도 유망한 대안으로 제시되고 있다. 더불어 AI 기반 딥페이크 탐지 기술을 활용해 혈류 패턴이나 미세한 호흡 리듬 등을 분석하는 라이브니스 검증(Liveness Detection) 기법도 생체인증의 위조 방지를 위한 새로운 핵심 기술로 빠르게 부상하고 있다.

이러한 기술적 대응뿐만 아니라 금융당국의 법적·제도적 기반 마련도 필수적이다. 현재 유럽연합의 GDPR(General Data Protection Regulation)

과 미국 일리노이주의 BIPA(Biometric Information Privacy Act) 등 글로벌 개인정보 보호법이 존재하지만 생체정보의 수집과 활용을 더욱 엄격히 규제할 추가적인 법적 장치가 여전히 요구된다. 한국에서도 개인정보 보호법 시행령을 통해 생체정보를 민감정보로 규정하고 있지만 보다 구체적이고 실효성 있는 보호 체계 구축이 시급한 상황이다.

AI 기술이 금융과 기업 환경을 근본적으로 뒤흔드는 상황에서 보안 체계를 새로운 차원으로 강화하지 않으면 기업과 금융 기관의 안전은 더 이상 보장받기 어렵다. 특히 대규모 서비스를 운영하는 기관이 사이버 공격을 받게 되면 그 파장은 단순한 시스템 장애를 넘어선다. 이용자들의 신뢰는 급속히 무너지고 이는 대규모 회원 탈퇴나 현금 인출 사태로 이어져 전체 시스템을 위태롭게 만들 수 있다. 이처럼 단 한 차례의 침해가 기업을 회복 불가능한 위기로 몰아넣을 수 있는 시대에는 단순한 보안 조치로는 턱없이 부족하다. 기업은 AI 기반의 정교하고 입체적인 보안 프레임워크를 시급히 구축해야 한다. 예를 들어 내부 데이터 접근 권한은 직원의 역할과 책임에 따라 엄격히 제한하고 불필요한 접근은 사전에 차단해야 한다. 이어서 AI 기술을 활용해 평소와 다른 접근이나 행위 패턴을 실시간으로 탐지하고 자동 차단할 수 있는 시스템을 강화해야 한다. 이 체계는 외부 해킹뿐 아니라 내부자에 의한 위협까지 조기에 식별하는 데 핵심적인 역할을 한다.

또한 AI 기반 로그 분석을 통해 데이터의 이동과 접근 기록을 실시간으로 감시하고 이상 징후를 빠르게 포착해 즉각 대응할 수 있는 기반을 마련해야 한다. 특정 패턴을 보이는 의심스러운 접근을 자동으로 차단하는 기능 역시 필수적이다.

기술적 대응과 함께 조직 내부의 보안 인식도 한층 높아져야 한다.

무엇보다 전 직원을 대상으로 한 보안 및 내부통제 교육을 필수적으로 진행해 AI 기술의 위험성에 대한 경각심을 높이고 내부자에 의한 위협을 사전에 차단할 수 있는 토대를 마련해야 한다.

기업 경영진 역시 보안을 단순한 기술 문제가 아닌 경영 전략의 핵심 요소로 인식해야 한다. 보안은 더 이상 기술 부서만의 책임이 아니라 경영진이 주도해야 할 전략적 과제다.

AI는 이미 해커의 강력한 무기가 된 지 오래다. 그렇기에 이를 막아낼 기술과 보안 전략 역시 AI 기반으로 진화하지 않으면 안 된다. 기존 대응 방식으로는 더 이상 감당할 수 없는 시대다. 지금은 사이버 보안의 패러다임 자체를 근본적으로 바꿔야 할 시점이다.

개인 및 가정에서의 위협

AI는 분명 우리의 삶을 더 풍요롭고 편리하게 만들고 있지만 그 이면에는 점점 심화되는 보안 취약성과 윤리적 논란이 우리의 가장 사적인 공간까지 위협하고 있다. 특히 AI 기반의 개인정보 침해, 감시 기술의 악용, 자율 시스템의 오작동 등은 개인의 안전과 프라이버시를 위협하며 일상 속 불안을 가중시키고 있다.

방대한 데이터를 기반으로 작동하는 AI의 정밀 타깃 광고나 행동 예측 시스템은 우리의 사적 영역을 침범하고 무의식적인 소비와 감시를 일상화할 위험성을 내포하고 있다. 또한 AI 챗봇과 가짜 음성을 활용한 보이스피싱, 갈수록 정교해지는 사기 수법은 금융 범죄와 신원 도용을 확산시키고 있으며 스마트 홈 기기 해킹은 사생활 침해를 넘어 물리적 보안까지 심각하게 위협하는 수준에 이르고 있다.

맞춤형 피싱 및 개인정보 도용

개인이 온라인에 남긴 데이터는 단순한 디지털 흔적이 아니다. 현대 사회에서 데이터는 중요한 자산이며 그중에서도 개인 데이터는 한 사람의 행동 패턴과 심리 상태까지 파악할 수 있는 강력한 정보 자원이다. 이러한 데이터는 어떻게 활용하느냐에 따라 사회적 혁신을 이끌 수 있는 도구가 되기도 하지만 동시에 범죄에 악용될 수 있는 심각한 위협이 되기도 한다. 특히 AI 기술의 발전은 데이터 분석의 정밀도를 획기적으로 높였고 이를 악용한 맞춤형 피싱 공격도 갈수록 정교해지고 있다. 과거에는 무작위로 메시지를 발송하는 단순한 방식이 대부분이었지만 이제는 AI가 개인의 관심사, 검색 기록, 온라인 활동 등을 정밀 분석해 맞춤형 사기 수법을 설계하고 실행한다. 예를 들어 한 남성이 특정 온라인 몰에서 주기적으로 상품을 구매한다는 정보가 범죄자에게 노출될 경우 이들은 AI 개발 플랫폼을 활용해 해당 쇼핑몰과 거의 동일한 구조의 가짜 사이트를 빠르게 제작할 수 있다. 이어 해당 남성의 최근 제품 검색 내역과 관심사를 AI로 정밀하게 선별한 후 '한정 수량 특별 할인'이나 'VIP 고객 전용 프로모션' 등의 맞춤형 광고 메시지를 이메일, 문자, 메신저 등으로 전송해 피싱 공격을 시도할 수 있다.

만약 그가 보안 의식이 높은 사용자라면 메시지의 출처나 URL 등을 꼼꼼히 확인하고 공식 사이트에 직접 접속하는 방식으로 피해를 피할 수 있을 것이다. 하지만 경계심이 낮은 사용자라면 '특별 할인'이라는 유혹에 속아 링크를 클릭하고 결국 피싱 사이트에 자신의 결제 정보를 입력하게 될 것이다. 이 정보는 범죄자의 데이터베이스로 유출돼 불법 거래나 금융 범죄에 악용된다.

이러한 피싱 수법은 금융 분야에서도 동일하게 적용된다. 예를 들어 특정 사용자가 매월 초 온라인 뱅킹을 통해 정기 송금을 한다는 패턴이 포착되면 범죄자는 해당 은행의 공식 디자인을 모방한 이메일을 보내 '정기 보안 점검' 등의 명목으로 가짜 로그인 페이지에 접속하도록 유도할 수 있다. 사용자가 이를 별다른 의심 없이 자신의 로그인 정보를 입력하는 순간 개인정보는 고스란히 탈취된다.

특히 최근에는 페이스북, 인스타그램, 쓰레드, X(구 트위터) 등 SNS에서의 활동이 범죄자들에게 매우 유용한 표적 정보로 활용되고 있다. 많은 이들이 여행 일정, 가족 및 친구의 이야기, 일상생활 등을 습관처럼 SNS에 올리는데 이런 사적 정보들은 특정 개인을 정밀하게 겨냥한 범죄에 쉽게 악용될 수 있다. 예를 들어 한 이용자가 자신의 계정에 해외여행 계획을 항공권 사진과 함께 게시했다면 범죄자는 이 정보를 바탕으로 해당 계정의 보안이 느슨해질 시점을 정확히 노릴 수 있다. 만일 당신이 여행 당일, 급하게 짐을 싸고 공항으로 이동하는 상황에서 '항공사에서 보낸 긴급 예약 확인' 또는 '호텔 숙박 일정 변경' 등의 이메일을 받게 된다면 과연 첨부 파일이나 링크를 클릭하지 않을 자신이 있는가?

더욱 심각한 문제는 AI 챗봇과 음성 합성 기술이 결합된 '보이스피싱 2.0'의 등장이 현실화되고 있다는 점이다. 딥러닝 기반의 생성형 모델이 빠르게 발전하면서 AI 음성 합성 기술은 이제 사람의 귀로는 구분하기 어려운 수준까지 정교해졌다. 단순한 억양이나 말투를 넘어 감정의 뉘앙스까지 모방할 수 있어 범죄자는 훨씬 더 자연스럽고 신뢰감을 주는 방식으로 피해자에게 접근할 수 있게 됐다. 예를 들어 "급히 돈이 필요하다"거나 "교통사고가 났다"는 식의 긴박한 상황을 피해자의 가족이나 지인의 목소리로 전달받는다면 상대방은 속수무책으로 이를 믿고

속아 넘어갈 가능성이 크다. 이처럼 기존의 전화 사기보다 훨씬 정교해진 수법은 이제 '목소리'라는 신뢰의 기준마저 무력화시키고 있다. 단순히 목소리만으로 상대를 믿을 수 없는 시대, 대화의 맥락과 상황 전체를 종합적으로 판단해야 하는 훨씬 더 까다롭고 경계심 높은 현실이 다가온 것이다.

AI 피싱 공격은 이제 단순한 스팸 메일 수준을 넘어 개인의 디지털 흔적을 치밀하게 분석해 조작되는 방향으로 진화하고 있다. 이러한 위협에 대응하기 위해서는 개인과 기업 모두가 일반적인 보안 조치를 넘어 끊임없는 경각심과 함께 더욱 세심하고 조심스러운 대응 태세를 유지할 필요가 있다. 특히 개인 사용자 입장에서는 온라인에서의 정보 공유를 최소화하는 것이 무엇보다 중요하다. SNS에 지나치게 많은 개인정보를 공개하는 행위는 사실상 범죄자들에게 스스로를 '공개된 표적'으로 내어주는 것과 다름없다. 또한 이메일이나 문자 메시지로 전달된 링크는 클릭하기 전에 반드시 공식 웹사이트에서 직접 확인하는 습관을 들여야 한다. 링크가 진짜처럼 보여도 주소가 미묘하게 다르거나 철자가 바뀐 가짜일 수 있기 때문에 직접 사이트에 접속해 확인하는 방식이 가장 안전하다. 또한 의심스러운 메시지를 받았을 경우에는 내용을 열어보지 말고 그 상태로 즉시 삭제하거나 무시하는 것이 좋다. 특히 긴박한 상황을 강조하거나 빠르게 개인정보 입력을 유도하는 메시지는 대부분 피싱 가능성이 높다. 아울러 금융 및 온라인 계정의 보안을 강화하기 위해 다단계 인증(MFA: Multi-Factor Authentication)을 적극적으로 활용해야 한다. 이제는 비밀번호 하나만으로 계정을 안전하게 지키는 것이 어렵기 때문에 추가적인 인증 절차를 더하는 것이 보안의 기본이 돼야 한다.

딥페이크를 이용한 명예 훼손 및 사기

오늘날 온라인에서는 영상 콘텐츠의 진위 여부를 육안만으로 판별하기가 사실상 불가능하다. 손의 미세한 움직임이나 머리카락의 흔들림까지 정밀하게 재현되는 수준에 이르다보니 '합성 콘텐츠'나 'AI 생성 영상'이라는 명시적 표시가 없는 한 실제 영상과 구별하기가 매우 어렵다.

이처럼 AI를 활용한 영상·음성 제작 기술이 고도화됨에 따라 관련 범죄 수법도 더욱 정밀하고 조직적 형태로 진화하고 있다. 과거에는 육안으로 쉽게 판별 가능한 단순 이미지 조작이 주류였지만 이제는 영상과 음성을 기반으로 하는 딥페이크 범죄가 일반인이 구별할 수 없을 정도로 정교해졌다. 이러한 변화는 단순한 오락적 수준을 넘어 사회적 신뢰 체계와 경제적 안정성에 중대한 위협이 되고 있다.

특히 금융분야에서는 딥페이크 범죄가 한 개인을 넘어 기업, 금융기관, 투자자 등 광범위한 이해관계자에게 영향을 미칠 수 있으며 궁극적으로 경제 시스템의 안정성마저 흔들 수 있다. 예를 들어 한 기업의 CEO가 시장 전망에 대해 부정적으로 발언한 조작된 딥페이크 영상이 유포된다면 투자자들은 이를 진실로 받아들여 대규모 주식 매도에 나설 수 있다. 이는 단기 주가 급락뿐 아니라 기업 신뢰도 하락, 브랜드 가치 훼손, 장기적 투자 유치 어려움 등의 연쇄적 위협으로 이어질 수 있다. 금융시장에서는 이 같은 반응이 매우 빠르게 일어나며 영상의 진위 여부와 무관하게 해당 콘텐츠의 존재만으로도 시장 변동성을 극단적으로 증폭시킬 수 있다.

뿐만 아니라 개인의 신뢰를 악용한 딥페이크 금융 사기도 점차 고도화되고 있다. 과거의 보이스피싱이 단순한 음성 변조 수준에 머물렀다면 이제는 피해자가 직접 음성을 확인하지 않으면 사기의 진위를 가리기 어려운 지경에 이르렀다. 예컨대 한 자산가가 해외에 체류 중일 때 가족이나 금융 담당자가 '그의 음성'으로 걸려온 전화를 받는 상황을 상상해보자. 상대방이 "급히 송금이 필요하다"거나 "중요한 투자 기회를 놓치지 않으려면 즉시 자금을 이체해야 한다"고 요청한다면 이를 쉽게 의심하거나 거절하기란 쉽지 않다. 실제로 유사한 시나리오가 현실화된 사건도 있었다. 지난 8월 미국 로스앤젤레스에서는 한 66세 여성이 TV 드라마 General Hospital의 배우 스티브 버튼(Steve Burton)으로 위장한 딥페이크 영상에 속아 가족 소유의 콘도를 35만 달러에 매각해 전액을 사기계좌로 송금하는 사건이 발생해 큰 사회적 파장이 일었다.[12)]

딥페이크 기술은 기업 내부 보안에 있어서도 새로운 형태의 위협 요인이 되기 시작했다. 단 한 번의 보안 침투만으로 조직 전체에 치명적인 금융 손실을 초래할 수 있기 때문이다. 예를 들어 글로벌 기업의 CFO가 화상회의로 해외 지사에 긴급 자금 집행 지시를 내리는 장면을 떠올려보자. 재무 담당자는 얼굴과 음성을 확인했다는 이유로 별다른 의심 없이 송금을 진행할 수 있다. 그러나 이 회의가 과거 영상과 음성을 결합한 딥페이크였다면 기업은 금전적 손해뿐 아니라 주요 거래 중단, 내부 통제 붕괴, 신뢰 균열, 법적 분쟁 등 복합적 위기에 직면할 수 있다.

더 나아가 딥페이크는 고위험 금융 거래에서도 강력한 위협으로 부상하고 있다. 예를 들어 M&A 협상 과정에서 한 기업의 CEO가 경쟁사와 비밀 협상을 진행 중인 것처럼 조작된 영상이 공개될 경우 시장에서

---

12) https://people.com/woman-loses-life-savings-after-scammers-use-ai-to-pose-as-general-hospital-star-11800052

는 해당 기업의 매각 기대감이 반영돼 주가가 급등할 수 있다. 그러나 이후 영상이 조작된 것으로 밝혀지면 급격한 매도세가 발생하며 기업과 투자자 모두 막대한 경제적 손실을 입을 수 있다.

딥페이크 공격은 조직 내부의 신뢰 체계와 보안 프로토콜 자체를 교란하며 스스로 진화하는 특성으로 인해 더욱 위험하게 인식된다. 특히 피해 발생 이후에는 공격자의 정체, 침투 방식, 영상의 진위를 명확하게 규명하기 어려운 현실이 대응을 더욱 어렵게 만들고 피해 규모를 키우는 주요 원인으로 꼽힌다.

현재 딥페이크 탐지 기술이 활발히 개발되고는 있으나 AI 생성 기술의 고도화 속도를 따라잡기에는 역부족이다. 이러한 상황은 정부, 금융기관, 기업이 보다 강력하고 선제적인 대응 전략을 마련해야 함을 강하게 시사한다. 구체적으로는 법적 규제 강화, 금융 거래 보안 프로토콜 개선, 기업 내부 보안 체계 혁신, 신뢰 기반 인증 시스템 도입 등의 다각적인 조치가 필수적이다. 더불어 단순 기술 대응에 그치지 않고 제도적 보완과 관계자 경각심 고취, 사회 전반의 인식 전환이 함께 이뤄져야 한다.

스마트홈 시스템 해킹

스마트홈 기술은 가정 내 편리함과 효율성을 높이는 생활 필수 기술로 자연스럽게 우리 일상에 스며들었다. 스마트 도어락으로 열쇠 없이 출입하거나 스마트폰으로 조명을 제어하고 홈캠으로 외부에서 집안을 실시간으로 모니터링하는 모습은 이제 매우 익숙한 풍경이 됐다. 음성 명령으로 TV나 냉장고 같은 가전제품을 제어하는 모습도 더 이상 낯설지 않다.

하지만 이러한 주거 공간의 디지털화는 분명 큰 편리함을 제공하지만 동시에 해킹이나 사생활 침해와 같은 새로운 보안 위험을 낳고 있다. 특히 인터넷에 연결된 기기들의 보안이 허술할 경우 개인의 사생활은 물론 집안의 주요 자산까지 심각하게 위협받을 수 있다. 심지어 예상치 못한 금전적 피해나 신체적 위험으로도 이어질 가능성이 있다.

스마트홈 기기는 인터넷을 기반으로 실시간으로 데이터를 송수신하는 특성을 지니고 있어 해커에게 새로운 공격 경로를 열어주는 취약점으로 악용되기 쉽다. 특히 AI가 접목된 해킹 기술은 이제 인간의 개입 없이도 시스템의 허점을 자동으로 탐지하고 실시간 공격을 실행할 수 있는 수준에 이르렀다. 이러한 위협의 대표적인 사례가 바로 스마트 보안 카메라다. 특히 보안 업데이트가 적용되지 않은 기기의 경우 해커의 주요 표적이 되기 쉽다. 실제로 2023년에는 해외 해커들이 국내에 설치된 IP 카메라 약 4,500여 대를 대규모로 해킹해 다수의 영상을 유출하는 사건이 발생했다. 유출된 영상에는 가정집 내부는 물론 목욕탕, 화장실 등 민감한 프라이버시 공간이 포함돼 있었다. 해당 영상들은 텔레그램과 해외 음란 사이트를 통해 거래되거나 무방비로 유포됐고 일부는 고화질 영상 구매를 유도하는 광고 형태로까지 활용되며 사회적으로 큰 충격을 줬다. 만약 해커가 피해자의 생활 패턴과 외출 시간대까지 정확히 파악했다면 이는 실제 물리적 침입 시도로도 이어질 수 있는 심각한 위기였다.

스마트 보안 카메라뿐만 아니라 스마트 도어락 역시 해킹의 주요 타깃이 될 수 있다. 비밀번호 입력, 지문 인식, 모바일 인증 등 다양한 보안 기능이 탑재되어 있지만 네트워크 연결이 필수적인 구조인 만큼 해킹의 위협에서 완전히 자유로울 수 없다. 특정 브랜드의 제품에서 보안 취약점이 발견될 경우 해커는 이를 분석해 동일한 기종을 사용하는 가정을 무작위로 겨냥할 수 있다. 만일 해당 제품에 원격 해제 기능이 탑재되어 있다면, 이는 단순한 기술 문제가 아니라 조직적인 범죄로까지 악용될 수 있다.

더 큰 문제는 스마트홈 기기는 단순히 개별 해킹으로 끝나는 것이 아니라 가정 내 전체 네트워크를 겨냥한 사이버 공격의 출발점이 될 수 있다는 점이다. 예를 들어 해커가 스마트 TV, 냉장고, 스마트 전구 등 다양한 가전기기를 감염시킨다면 이들은 AI 기반 봇넷(Botnet)*의 일부로 활용될 수 있다. 이 경우 침해는 개인 차원을 넘어 수만 대의 기기가 한꺼번에 감염되는 대규모 사이버 공격으로 확대될 수 있다. 실제로 특정 브랜드의 스마트 냉장고에서 취약점이 발견될 경우 이를 악용한 디도스(DDoS) 공격으로 글로벌 기업이나 금융기관을 마비시키는 것도 충분히 가능한 시나리오다. 감염된 스마트 기기는 본래의 역할과 무관하게 대량의 스팸 메시지 전송이나 악성 링크가 포함된 피싱 이메일 발송 등 각종 사이버 범죄의 도구로 전락할 수 있다. 그리고 이런 공격이 단순히 외부를 향한 공격에 그치지 않고 가정 내부를 직접 겨냥하는 방식으로도 확산되고 있다는 점은 더욱 우려스럽다.

봇넷

봇넷은 악성 소프트웨어(멀웨어)에 감염된 수많은 컴퓨터나 스마트 기기가 하나의 네트워크처럼 연결되어 공격자의 명령에 따라 원격으로 조종되는 시스템을 말한다. 이처럼 연결된 기기들은 사용자가 모르는 사이에 사이버 공격의 수단으로 악용되며 계정 탈취, 디도스(DDoS) 공격, 피싱, 민감 정보 유출 등 다양한 방식의 범죄에 동원될 수 있다.

가정 내 네트워크가 해킹되면 개인의 금융 정보와 민감한 사생활이 유출될 위험은 치명적으로 높아진다. 예를 들어 사용자가 스마트 스피커를 통해 온라인 뱅킹을 이용하는 상황이라면 해커는 해당 기기의 네트워크에 침투해 음성 데이터를 실시간으로 가로채고 금융 계좌 정보를 탈취할 수 있다. 또한 스마트폰과 연동된 스마트홈 기기에서 로그인 정보를 빼낸 뒤 불법으로 거래하는 것도 얼마든지 가능하다. 문제는 이런 공격이 대부분 사용자가 인지하지 못한 상태에서 은밀하게 이뤄지기 때문에 피해가 누적될수록 복구는 사실상 불가능에 가깝다.

집안일 부담을 덜어주는 3대 생활가전 중 하나로 꼽히는 로봇청소기는 최근 고성능 카메라, 센서, AI 자율주행 기술이 결합되며 활용도가 크게 높아졌다. 하지만 이는 사용자에게 편리함을 제공하는 동시에 해커에게는 사생활을 정밀하게 들여다볼 수 있는 수단이 되기도 한다. 특히 원격 조작이 가능해진다면 로봇청소기는 단순한 가전제품을 넘어 사적 공간을 샅샅이 탐색하는 정찰 기계로 변모하게 된다. 고해상도로 촬영된 가정 내 영상에는 가족 구성원, 고가 물품의 위치, 출입 동선 등이 고스란히 담기며 이는 실제 범죄로도 이어질 수 있다. 단순한 해킹을 넘어 물리적 침입이나 협박, 절도까지 확산될 수 있는 실질적 위협이 현실화되고 있는 것이다.

실제로 2024년 10월 국내외 주요 언론에서는 '에코백스 로봇청소기' 해킹 사건을 집중적으로 보도했다.[13][14] 당시 해커는 로봇청소기의 라이브 카메라 피드와 원격 제어 시스템을 뚫고 기기의 카메라와 마이

13) https://www.mk.co.kr/news/business/11146202

14) https://www.deccanherald.com/technology/robot-vacuums-hacked-across-us-cities-cameras-accessed-made-to-hurl-abuses-3245098

크를 무단으로 조작해 사용자의 일상을 감시하고 조롱했다. 이로 인해 애플리케이션 오류, 카메라 오작동, 음성 명령 시스템을 통한 성적 발언 및 인종차별적 욕설 출력 등 심각한 문제가 잇따랐고 일부 기기는 가족 구성원과 반려동물을 따라다니는 등 심각한 프라이버시 침해와 정신적 고통도 유발했다.

스마트 홈 해킹은 더 이상 개인의 피해에 머무르지 않는다. 그 충격은 소비자를 넘어 해당 기업의 생존까지 위협하는 심각한 리스크로 번질 수 있다. 예를 들어 증권거래소에 상장된 기업이 판매한 스마트 도어락이 대규모 해킹 피해를 입었다는 사실이 알려진다면 해당 기업의 주가는 실시간으로 급락할 것이며 기존 구매자들과 협력사들은 구매 취소, 환불, 사태에 대한 즉각적 대응 등을 요청할 것이다. 이때 기업이 신속하고 기민한 대응책을 내놓지 못하면 대규모 소송으로도 이어질 수 있다.

이를 효과적으로 막기 위해서는 기업, 금융기관, 정부, 소비자 모두가 보안의 최전선에 선 주체로 인식하고 각자의 역할을 분명히 해야 한다. 기술 발전만으로는 부족하다. 철저한 보안 전략이 반드시 병행돼야 하며 모든 이해관계자가 함께 움직이는 것이 필수적이다.

먼저 스마트 홈 기기 제조사는 기술 고도화나 신기능 개발에 투자하는 만큼 보안 강화와 위기 대응 체계 구축에도 반드시 힘써야 한다. 제품 개발 초기 단계부터 '보안 설계 내장(Security by Design)' 원칙을 철저히 적용해 사용자 인증, 통신 암호화, 펌웨어 무결성 검증 같은 핵심 보안 기능을 기기 사양과 무관하게 기본값으로 내장해야 한다. 또한 보안 취약점이 발견됐을 경우에는 즉각적인 패치 제공과 사용자 대상 공지, 보안 교육 등을 체계적으로 시행할 수 있는 선제적 대응 시스템을 갖춰야 한다. 실시간 취약점 패치 배포 체계와 정교한 리콜 프로토콜도 사전에 반드시 마련돼야 하며 소비자에게는 정기적인 보안 업데이트와 암호화 기반 보안 프로토콜을 지속적으로 제공해야 한다.

정부는 보다 강력하고 체계적인 보안 정책을 수립할 필요가 있다. 스마트 홈 기기 보안 인증제 도입과 등급화, 해킹 사고 공시 의무화, 소비자 보호 기준 강화 등이 그 예다. 현재 스마트 홈 기기의 보안 수준은 제조사마다 편차가 크고 일부 저가형 제품은 기본적인 암호화 기능조차 갖추지 않아 위험을 가중시키고 있다. 정부는 일정 수준 이상의 보안 프로토콜 적용을 법제화하고 해킹 피해에 대한 법적 구제 절차와 기술 지원 체계, 보안 인프라 구축을 위한 세제 지원 등을 통해 산업 전반의 보안 역량을 끌어올려야 한다.

금융 기관은 스마트 홈 기기를 통한 인증 정보 탈취나 음성 명령 조작 같은 보안 위협에 더욱 철저히 대비해야 한다. 이를 위해 스마트 기기 전용 인증 프로토콜을 마련해 접근 요청을 구분하고 기기 기반 금융 거래에는 위치 기반 확인이나 다중 인증 절차를 의무화해야 한다. 또한 비정상 명령을 탐지해 실시간으로 차단할 수 있는 보안 시스템을 도입해 금융 전반의 보안 대응 능력을 강화해야 한다.

소비자들 역시 보안 관리의 주체로서 적극적인 대응이 필요하다. 스마트홈 기기를 사용할 때는 초기 보안 설정을 그대로 두지 말고 반드시 강력한 비밀번호로 변경해야 하며 제조사가 제공하는 정기적인 소프트웨어 업데이트를 신속히 적용해 보안 취약점을 줄여야 한다. 특히 여러 기기가 동시에 연결되는 환경에서는 가정용 와이파이의 보안이 핵심이다. WPA3와 같은 최신 암호화 방식을 적용하고 가족용 네트워크와 분리된 게스트 네트워크를 구성하는 것이 바람직하다.

기술적 설정이 어렵다면 공유기 제조사나 서비스 업체의 고객센터, 혹은 공식 홈페이지의 사용자 설명서를 통해 보안 설정을 점검해 보는 것이 좋다. 최근 출시된 공유기들은 앱 기반의 간편 설정 기능을 제공하므로 보안 또는 고급 설정 메뉴에서 몇 번의 터치만으로도 보안 수준을 손쉽게 높일 수 있다. 애초에 보안 기능이 강화된 공유기를 선택하는 것도 현명한 예방책이 될 수 있다. 예를 들어 자동 보안 업데이트 기능이나 침입 탐지 시스템(IDS)이 내장된 제품을 사용하면 별다른 기술 지식 없이도 보다 안전한 네트워크 환경을 유지할 수 있다. 스마트홈 기기를 구입할 때는 단순히 가격만을 기준으로 삼기보다는 보안 인증 여부와 제조사의 신뢰도를 꼼꼼히 따져봐야 한다. 특히 온라인 쇼핑몰에서 지나치게 저렴한 제품은 기본적인 보안 기능조차 갖추지 못한 경우가 많아 해커의 표적이 될 수 있다. 제품 설치 이후에도 정기적인 보안 업데이트 적용, 와이파이 네트워크 분리 설정, 강력한 비밀번호 사용 등 실천 가능한 보안 습관을 꾸준히 유지해야 한다. 특히 가족 구성원이 함께 사용하는 스마트홈 환경에서는 이러한 보안 수칙을 함께 공유하고 실천하는 문화가 무엇보다 중요하다.

AI 신흥 범죄

AI 기술의 급속한 발전은 기존 사이버 범죄의 예측 범위를 넘어서는 새로운 범죄 양상을 만들어내고 있다. 과거에는 피싱 사기나 데이터 해킹이 주요 범죄 유형으로 분류되었지만, 현재는 실시간 딥페이크 조작, AI 범죄 예측 시스템의 역이용, 자율 범죄 로봇 개발 등 기술 자체가 범죄의 수단으로 활용되는 사례가 증가하고 있다.

실시간 딥페이크 공격은 그중에서도 가장 위험성이 높은 유형으로 기존 영상이나 사진 조작을 넘어서고 있다. 최근에는 생방송 스트리밍이나 화상 회의 중에도 AI가 개입해 영상과 음성을 실시간으로 변조할 수 있는 수준에 이르렀다.

예를 들어 한 국가의 대통령이 기자회견을 진행하는 도중 해커가 방송 신호를 가로채고 대통령의 표정과 음성을 조작해 왜곡된 발언을 송출하는 상황이 가능하다. 만약 이 영상이 실제 발언으로 인식된다면 금융시장과 정치 환경은 즉각적으로 반응할 수 있으며 특정 기업의 주가 조작 등 경제 범죄로 이어질 가능성도 배제할 수 없다.

이와 유사한 방식은 기업 내부 회의에서도 발생할 수 있다. 예를 들어 글로벌 금융 기업의 이사회 회의에서 최고재무책임자(CFO)의 발언이 실시간으로 조작돼 특정 투자 결정을 발표하는 것처럼 연출된다면 어떨까. 이는 단순한 왜곡을 넘어 기업의 내부 의사결정 체계를 무너뜨리고 재무 전략에도 심각한 영향을 미칠 수 있다.

또한 AI 범죄 예측 시스템이 해킹되거나 알고리즘이 역으로 조작돼 범죄 계획을 은폐하는 시나리오도 더 이상 비현실적인 가정이 아니다. 현재 여러 국가와 기업이 AI를 활용한 범죄 예측 및 대응 시스템을 운영 중이지만 이러한 시스템 자체가 새로운 공격 대상이 되고 있다. 예를 들어 특정 도시 경찰이 AI 시스템을 이용해 강력 범죄 발생 가능 지역을 분석한다고 가정해보자. 이 과정에서 해커가 데이터를 조작할 경우 실제 고위험 지역은 간과되고 안전한 지역이 오인될 수 있다. 이로 인해 범죄자는 순찰 경로의 허점을 만들어 실제 범죄 지역에 대한 경찰의 대응을 분산시키고 단속을 회피할 가능성이 높아진다.

자율 범죄 로봇과 AI 드론의 등장은 물리적 공간에서의 범죄 피해를 현실화하는 또 다른 사례다. 예를 들어 AI 기반 자율 드론이 해킹돼 특정 인물을 추적하거나 군중을 향해 돌진하는 상황, 또는 자율 주행 기술과 얼굴 인식 기능이 결합된 드론이 특정 대상을 자동으로 식별하고 공격하는 방식은 더 이상 공상과학의 영역이 아니다.

2024년 AI 드론 엔지니어인 루이스 웨너스(Luis Wenus)와 로버트 루코스코(Robert Lukoszko)는 시중에 판매중인 드론에 자신들의 AI 얼굴 인식 기술을 적용해 특정 대상을 자동으로 추적하고 충돌 공격이 가능한 드론을 단 몇 시간 만에 제작하는 데 성공했다. 웨너스는 "얼굴 사진만 입력하면 자동으로 해당 인물만을 추적하거나 동시에 여러 인물도 선택 공격할 수 있다"고 밝히며 "소량의 폭발물을 장착할 경우 수십~수백 대를 동시 운용해 특정인을 공격하거나 군중을 위협하는 것도 가능하다"고 경고했다.[15)]

특히 정치적 목적을 가진 조직이 특정 인물을 제거하거나 공격하기 위해 이러한 드론을 사용할 경우 기존 보안 시스템만으로는 대응이 어려울 수 있다. 나아가 자율 범죄 로봇이 대량 생산될 경우 마약 운반이나 불법 무기 밀매 같은 조직 범죄에도 사용돼 범죄 실행 방식이 더욱 정교하고 체계적으로 변화할 가능성이 높다.

영화 속 장면처럼 느껴지는가? 그러나 이 시나리오의 상당 부분은 이미 기술적으로 실현 가능한 수준에 도달해 있다. AI 범죄를 단순한 기술 문제로 치부하고 방치할 수 없는 이유다.

AI 범죄는 더 이상 가상의 위협이 아니다. 이 문제에 대한 통제에

---

15) https://www.livescience.com/technology/engineering/ai-drone-that-could-hunt-and-kill-people-built-in-just-hours-by-scientist-for-a-game

실패하는 사회는 공공 안전과 사회적 질서의 주도권을 범죄 세력에게 내어주는 결과를 마주하게 될 것이다.

딥페이크 범죄

딥페이크(Deepfake)는 AI 알고리즘을 활용해 실제와 구분하기 어려운 가짜 이미지나 영상을 생성하는 기술을 말한다. 원래는 영화나 게임 등에서 특수 효과를 강화하기 위한 용도로 개발됐지만 최근에는 범죄 수단으로 악용되며 그 잠재적 위험성이 부각되고 있다.

2024년 8월 한국 사회는 텔레그램을 통한 대규모 딥페이크 성범죄 사건으로 큰 충격을 받았다. 가해자들은 소셜미디어와 일상생활에서 확보한 피해자의 사진을 AI 기술로 조작해 불법적인 성적 영상을 제작했고 이렇게 만들어진 영상은 '겹지인방', '능욕방', '굴욕방' 등의 텔레그램 채팅방을 통해 유포됐다. 특히 일부 채팅방은 수천 명의 참여자를 보유할 정도로 규모가 컸다.[16)]

딥페이크 범죄의 확산은 통계에서도 확인된다. 2024년 1월부터 7월까지 약 6,500건의 딥페이크 영상 관련 신고가 접수됐으며 이는 2022년 같은 기간보다 4배 증가한 수치다. 피해자의 대다수는 여성과 미성년자였고 체포된 용의자 중 약 74%가 10대에서 19세 사이였다. 이는 AI 기술의 접근성이 높아지면서 청소년들도 쉽게 범죄에 가담할 수 있는 환경이 조성됐다는 현실을 보여준다.[17)]

딥페이크 범죄는 개인의 정신적 트라우마를 넘어 사회 전반의 신뢰 시스템에도 영향을 미친다. AI 전문가 롭 토우스(Rob Toews) Radical Ventures 파

---

16) https://www.hrw.org/ko/news/2024/09/26/south-koreas-digital-sex-crime-deepfake-crisis

17) https://www.npr.org/2024/09/06/nx-s1-5101891/south-korea-deepfake

트너는 딥페이크가 민주주의 담론을 왜곡하고 선거를 조작하며 언론과 공공 기관에 대한 신뢰를 약화시킬 수 있다고 경고했다.[18)]

이러한 문제는 특정 국가에 국한되지 않는다. 2023년 12월 싱가포르에서는 당시 총리 리셴룽(Lee Hsien Loong)과 부총리 로렌스 웡(Lawrence Wong)을 사칭한 딥페이크 영상이 유포돼 큰 사회적 혼란이 발생했다.[19)] 해당 영상은 암호화폐와 투자 상품을 홍보하는 내용이었고 정부 인사들의 얼굴과 목소리가 AI로 정교하게 합성돼 일반 대중이 쉽게 속을 수밖에 없었다. 더 충격적인 사례는 2024년 초 홍콩에서 발생했다. 글로벌 엔지니어링 기업 아룹(Arup)은 CFO를 사칭한 딥페이크 화상 통화 사기로 약 2억 홍콩달러(약 2,560만 미국 달러)의 피해를 입었다. 사기범은 CFO를 포함한 회의 참석자 전원을 완벽히 모방해 실제 회의를 진행했고 직원들은 이를 전혀 의심하지 못한 채 속아 넘어갔다. 이 사건은 현재까지 보고된 딥페이크 범죄 중 최대 규모로 기록됐다.[20)]

펜타곤 폭발 가짜뉴스 사태[21)]

2023년 5월 22일 오전 X(구 트위터)에는 미국 워싱턴 D.C. 펜타곤 인근에서 폭발이 발생했다는 게시글과 조작된 이미지가 올라왔다. 해당 이미지는

---

18) https://www.forbes.com/sites/robtoews/2020/05/25/deepfakes-are-going-to-wreak-havoc-on-society-we-are-not-prepared/
19) https://efe.com/en/science-and-technology/2023-12-29/singapores-pm-pans-fake-videos-of-him-promoting-cryptocurrency/
20) https://www.dezeen.com/2024/05/17/arup-victim-deepfake-video-scam/
21) https://economictimes.indiatimes.com/news/international/world-news/fake-ai-photo-of-pentagon-blast-briefly-spooks-markets/articleshow/100455563.cms

검은 연기가 치솟는 펜타곤과 유사한 건물을 배경으로 하고 있었고 유료 인증 마크(블루 체크)를 받은 계정에서 게시됐다. 이후 극우 성향 단체 큐어넌(QAnon)과 러시아 관영 매체 등이 이를 리트윗하며 수백만 명의 사용자에게 확산됐다. 이 가짜 이미지의 파급력은 곧바로 금융시장에 충격을 줬다. S&P 500 지수는 단기적으로 0.3%, 다우존스 산업평균지수는 약 0.4% 하락했으며 금값과 미국 국채 가격이 순간적으로 급등하는 등 위기 상황에서의 전형적인 시장 반응이 나타났다. 이후 펜타곤 측과 알링턴 경찰 당국이 공식적으로 사실을 부인하고 시장은 곧 회복됐지만 이 사건은 AI 기술이 잘못 활용될 경우 단 몇 분 만에 글로벌 금융시장에 실질적인 혼란을 유발할 수 있음을 보여준 사례로 기록됐다.

문제의 이미지는 생성형 *AI(Generative AI)*를 통해 제작된 것으로 확인됐으며 사건 발생 이후 여러 전문가들은 해당 이미지의 특징을 분석해 조작 여부를 판별했다. 영국의 탐사보도 매체 벨링캣(Bellingcat)의 연구원 닉 워터스(Nick Waters)는 "이미지 속 건물은 펜타곤이 아니며 워싱턴 어디에서도 존재하지 않는 구조물"이라고 분석했다. 캘리포니아 대학교 버클리캠퍼스의 디지털 포렌식 전문가 하니 파리드(Hany Farid) 교수는 "이미지 속 잔디와 울타리의 불규칙한 패턴, 바닥의 희미한 질감 등은 AI 합성 이미지에서 자주 나타나는 전형적인 결함"이라고 지적했다.

이 사건은 허위 이미지의 확산뿐만 아니라 이를 증폭시킨 소셜미디어 플랫폼의 구조적 한계도 함께 드러냈다. X는 기존에 공인 계정 중심으로 제공하던 블루 체크 인증 정책을 2022년 일론 머스크 인수 이후 유료 구독 기반으로 변경했으며 이로 인해 정보의 신뢰성 판단 기준이 모호해졌다. 실제로 펜타곤 폭발 가짜뉴스를 유포한 계정은 인증 마크를 보유하고 있었으나 정작 알링턴 경찰의 공식 계정은 인증을 받지 못한 상태였다.

이 사건은 생성형 AI가 만들어낸 허위 정보가 사회적 혼란과 금융시장 교란이라는 중대한 결과로 이어질 수 있음을 입증한 대표적 사례다. 블룸버그 통신은 이를 두고 "AI로 생성된 허위 정보가 금융시장에 부정적인 영향을 미친 첫 번째 사례가 될 수 있다"고 평가하며 공공의 안전과 시장 안정성에 대한 경고 신호로 해석했다.[22)]

이 사건은 AI 기술의 윤리적 사용과 규제 필요성에 대한 국제적 관심을 촉발했다. 미국 연방통신위원회(FCC)와 유럽연합(EU)는 생성형 AI에 대한 법적 기준과 기술 감시 체계 강화를 추진하고 있으며 일부 전문가들은 AI 오용을 방지하기 위한 글로벌 차원의 규제 체계 마련이 시급하다고 지적하고 있다.

CEO 음성 사칭[23)24)]

2019년 3월 독일의 한 에너지 기업에서 발생한 음성 사칭 사건은 AI 기술이 금융 보안에 실질적인 위협으로 등장한 초기 사례로 기록된다. 당시 영국 지사장은 독일 본사의 CEO로부터 헝가리 공급업체에 22만 유로를 송금하라는 긴급 전화를 받았고 이를 실제 요청으로 인식해 자금을 송금했다. 그러나 해당 음성은 AI 합성 기술로 CEO의 억양과 발음을 정교하게 모방한 것이었으며 이후 확인 과정을 통해 사기임이 드러났다.

이 사건은 AI 음성 합성 기술이 조직 내부의 신뢰 체계에까지 영향을 미칠 수

---

22) http://bloomberg.com/opinion/articles/2023-05-23/viral-fake-pentagon-explosion-photo-on-twitter-is-an-ai-wake-up-call?embedded-checkout=true

23) https://www.forbes.com/sites/jessedamiani/2019/09/03/a-voice-deepfake-was-used-to-scam-a-ceo-out-of-243000/

24) https://www.wsj.com/articles/fraudsters-use-ai-to-mimic-ceos-voice-in-unusual-cybercrime-case-11567157402

있을 만큼 정밀해졌음을 보여주는 사례다. 특히 고위 임원의 말투, 억양, 언어 습관까지 모방돼 내부 직원조차 진위를 구분하지 못했다는 점에서 국제적인 주목을 받았다. 당시 해당 사건은 월스트리트 저널, BBC, 포브스 등 주요 매체에 '이례적인 사이버 범죄 사례'로 소개됐으며 AI를 활용한 최초의 대규모 음성 사기 사례로 보도됐다.

이 사건을 계기로 유럽 각국은 AI 악용 방지를 위한 법적·제도적 논의를 본격화했다. 독일 정부는 관련 법 개정을 통해 처벌 수위를 높였고 유럽연합은 디지털 보안 규제를 강화하며 기업의 정보보호 책임을 법적으로 명확히 규정하는 방향으로 정책을 발전시켰다.

뉴햄프셔 딥페이크 로보콜 사건[25][26]

2024년 1월 21일 미국 대선 예비선거를 앞두고 조 바이든 대통령의 목소리를 합성한 딥페이크 로보콜* 사건이 발생했다. 이 로보콜에는 "예비선거에 투표하지 말라"는 내용이 담겨 있었으며 약 5,000명의 유권자에게 자동 발송됐다. 메시지에는 "이번 화요일 예비선거에서 투표하는 것은 도널드 트럼프의 재선을 돕는 일"이라는 허위 정보도 포함돼 있어 유권자의 판단을 흐리고 선거 참여를 방해하려는 의도를 가진 조작 행위로 분석됐다.

미국 연방통신위원회(FCC)는 사건의 배후로 정치 컨설턴트 스티브 크레이머(Steve Kramer)를 지목하고 발신자 번호 위조 금지법(Truth in Caller ID Act)을 위반한 혐의로 600만 달러의 벌금을 부과했다. 뉴햄프셔 검찰도 그를

---

25) https://www.cbsnews.com/news/fake-biden-robocall-new-hampshire-primary/

26) https://www.nbcnews.com/politics/2024-election/telecom-company-agrees-1-million-fine-biden-deepfake-rcna167564

로보콜(Robocall)

로보콜(Robocall)은 컴퓨터가 자동으로 사전에 녹음된 음성 메시지를 전화로 송출하는 시스템이다. 이는 자동 다이얼러를 통해 사전에 저장된 번호 목록이나 불특정 다수에게 무작위로 전화를 걸어 음성을 전달하는 방식으로 작동한다. 원래는 정치 여론조사, 텔레마케팅, 공공 서비스 안내, 비상 방송 등에서 사용됐으나 최근에는 전화 사기, 피싱, 자선단체 사칭 등 범죄에 악용되는 사례가 증가하고 있다. 이에 따라 미국을 비롯한 여러 국가에서는 '로보콜 사기 방지법(Robocall Scam Protection Act)' 등의 입법을 통해 규제 강화에 나서고 있다.

유권자 억압, 후보자 사칭 등 총 13건의 범죄 혐의로 기소했다. 통신사 린고 텔레콤(Lingo Telecom) 또한 기소돼 100만 달러의 벌금과 함께 발신자 인증 강화 및 고객 검증 조치를 약속했다.

이 사건은 AI 기반 딥페이크 로보콜이 얼마나 저렴하게 제작되고 빠르게 확산될 수 있는지를 단적으로 보여줬다. 실제로 해당 딥페이크 음성은 생성하는 데 고작 500달러만 사용됐으며 유사한 품질의 음성은 단 몇 분 만에 1달러 이하로 생성 가능하다는 분석도 나왔다.

사건 이후 FCC는 AI 기반 로보콜을 명확히 불법으로 규정했다. FCC 위원 애나 M. 고메즈(Anna M. Gomez)는 "이번 사건은 유권자에게 피해를 입혔을 뿐 아니라 민주주의에 대한 신뢰 자체를 훼손했다"고 밝혔다. 이 사건은 AI 기술이 선거 시스템을 교란하는 데 악용될 수 있음을 보여주는 대표적 사례로 평가되며 허위 정보가 저비용으로 빠르게 생성·전파될 수 있는 환경에서 사회 전반의 리스크가 빠르게 증대되고 있음을 시사한다. 전문가들은 AI 기반 허위 정보가 정치 영역을 넘어 경제, 사회 전반에 걸쳐 예측 불가능한 혼란을 초래할 수 있다고 경고하며 이를 방지하기 위한 강력한 규제와 감시 체계의 구축이 시급하다고 지적하고 있다.

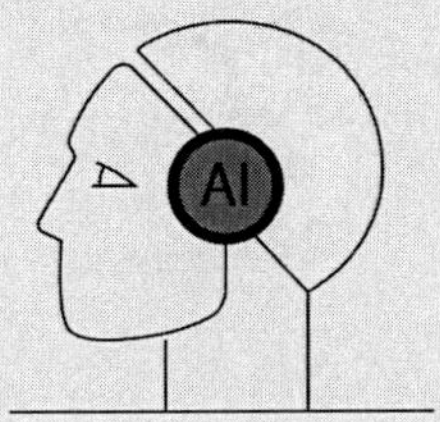

CHAPTER
02

AI 기술의 그늘

기술은 결코 완전하지 않다. 오히려 혁신적인 기술일수록 그 이면에는 예측할 수 없는 위험과 구조적 한계를 내포하고 있다. AI는 인간의 지능을 모방하며 스스로 학습하고 점점 정교해지고 있지만 현 단계에서는 여전히 치명적인 오류 가능성을 안고 있는 불완전한 기술이다.

우리는 AI를 통해 더 효율적이고 공정한 사회를 기대한다. 자율주행 차가 사고 없이 운행되고, 의료 AI가 정확한 진단을 내리며, 교육 AI가 객관적인 평가를 수행하고, 채용 AI가 편견 없이 인재를 선발하는 미래를 상상한다. 하지만 현실은 이상과 다르다. 자율주행차의 교통사고, 의료 AI의 오진, 교육 알고리즘의 편향, 채용 AI의 차별 등 과거에는 존재하지 않던 새로운 위험이 발생하고 있다.

AI 중심 사회에서 시스템의 실패는 단순한 기술적 오류로 끝나지 않는다. 이는 사회적 신뢰를 훼손하고 안전에 직접적인 위협을 가할 수 있다. 의료 AI의 오진은 생명에 치명적인 결과를 초래할 수 있고 교육 AI의 잘못된 평가는 학습자의 미래 기회를 박탈할 수 있다. 자율주행차의 오작동은 대규모 인명 피해로 이어질 수 있으며 채용 알고리즘의 편향은 특정 집단에 대한 구조적 차별을 고착화할 수 있다.

또한 AI가 생성한 가짜 뉴스와 추천 알고리즘의 편향은 개인의 정보 인식과 사고방식을 왜곡시키며 사회적 갈등을 증폭시킨다. AI와의 과도한 상호작용이 인간관계를 약화시키고 정신 건강에 부정적인 영향을 미친다는 연구도 발표되고 있다. 이러한 문제는 AI 기술의 윤리적 개발과 책임 있는 활용에 대한 사회적 논의의 필요성을 더욱 부각시키고 있다. 동시에 개인의 디지털 리터러시(digital literacy) 역량 강화와 기술에 대한 비판적 수용 태도 역시 중요한 대응 전략으로 떠오르고 있다.

AI는 더 나은 사회를 만들기 위한 도구이지만 그 활용 방식에 따라 위협으로 전환될 수 있다. 앞서 언급한 편향, 오류, 예측 불가능성은 단순한 코드의 문제가 아니다. 이는 우리가 AI를 어떻게 설계하고 운용할 것인지에 대한 근본적인 질문을 던진다.

이 장에서는 AI 기술의 한계와 불안정한 적용 사례를 짚어보고 이로 인해 발생하는 사회적 부작용과 윤리적 과제를 고찰하고자 한다. 우리는 기술이 불러올 수 있는 위험을 정확히 인식하고 이에 적절히 대응할 수 있는 통찰과 시스템을 구축해야 한다. 기술의 진보는 항상 긍정적인 결과만을 가져오지 않으며 때로는 사회가 감당하기 어려운 수준의 위협으로 이어질 수 있음을 분명히 인식해야 한다.

AI 기술의 한계와 위험성

AI 빅브라더(감시 사회)

AI의 급속한 발전은 다양한 분야에서 혁신을 이끌고 있지만 동시에 사람들의 일거수일투족이 끊임없이 감시되고 통제되는 사회를 더욱 심화시켜 개인의 자유와 프라이버시를 위협하고 있다. 특히 AI 기술이 감시 체계와 결합될 경우 새로운 형태의 사회적 통제로 이어질 수 있다는 우려가 커지고 있다.

하버드 경영대학원 명예교수 쇼샤나 주보프(Shoshana Zuboff)는 이러한 현상을 '감시 자본주의(Surveillance Capitalism)'로 개념화했다. 그녀는 자신의 저서인 『감시 자본주의 시대(The Age of Surveillance Capitalism)』에서 "감시 자본주의가 우리 자유 의지의 본질을 침해한다"고 지적하며 AI와 빅데이터 기술이 권력 구조를 재편하고 민주주의적 가치에 위협이 될 수 있다고 경고했다.

특히 AI 감시 기술이 국가 권력에 의해 악용될 경우 정부 비판자를 식별하고 억압하는 도구로 사용될 수 있다. 예를 들어 얼굴 인식 기술과 위치 추적 데이터가 결합될 경우 시위나 집회에 참여한 인물을 자동으로 식별하고 사후적으로 조사하거나 제재하는 방식으로 활용될 수 있다. 또한 AI가 SNS나 온라인 커뮤니티에서 반정부적 발언을 자동으로 감지하고 이에 대응하는 조작된 콘텐츠를 생성해 여론을 통제하는 것도 가능하다. 이러한 방식이 정치적 목적으로 활용된다면 사회 전체의 정보 환경은 심각하게 왜곡될 수 있다.

한편 AI는 공공 안전과 범죄 예방 분야에서 일정 수준의 효과를 입증하고 있다. 특히 실시간 데이터 분석을 기반으로 한 AI 감시 시스템은 기존 방식보다 정밀하고 신속한 대응을 가능하게 하며 여러 국가가 이를 실종자 수색, 테러 위협 감지 등 사회적 안전망 강화에 활용하고 있다.

영국의 사례는 이러한 기술 활용의 대표적 예다. 런던 경찰청(MPS: Metropolitan Police Service)은 라이브 안면인식(LFR: Live Facial Recognition) 기술을 실시간 감시 시스템에 도입해 운용 중이다. 이 기술은 거리의 행인을 실시간으로 스캔한 후 용의자 데이터베이스와 대조해 범죄자를 식별하는 방식으로 작동한다. 이 기술의 활용 빈도는 최근 급격히 증가하고 있다. 2024년 1월부터 8월까지의 사용 건수는 이전 3년 전체 사용량의 3배를 넘어섰으며 이를 통해 총 540명이 체포됐다. 이 중 406명은 실제 기소되거나 경고 조치를 받은 것으로 확인됐다.[1] 특히 범죄율이 높은 지역이나 기차역과 같은 인구 밀집 지역에서 집중적으로 사용됐고 여성 및 아동 대상 폭력 범죄(VAWG)와 성범죄 관련 용의자 수십 명이 검거됐다. 2024년 10월에는 런던 내 12개 대형 소매점에 안면인식 카메라가 설치돼 절도 용의자 149명이 식별되기도 했다.[2]

중국은 AI 기반 안면 인식과 빅데이터 분석을 결합해 국가 차원의 대규모 감시 시스템을 구축한 대표적인 사례다. '스카이넷(Skynet)'이라 불리는 이 시스템은 전국의 공공장소에 설치된 CCTV 네트워크와 연결돼 시민의 얼굴을 실시간으로 스캔하고 중앙 데이터베이스와 대조해 특정 인물을 추적할 수 있다. 일부 지역에서는 경찰이 안면 인식 기능이 탑재된 스마트 안경을 범인 검거에 활용하고 있으며 2018년 허난성 정저우에서는 이를 통해 인신매매, 뺑소니, 신분 위조 등 다양한 범죄 용의자를 적발한 바 있다.[3]

중국 정부는 여기에 더해 '사회 신용 시스템'을 도입해 AI와 빅데이터를 바탕으로 시민의 행동을 점수화하는 통제 체계를 운용하고 있다. 이 시스템은 정부 기관, 금융사, 온라인 플랫폼 등으로부터 개인 데이터를 수집해 법률 준수, 금융 거래 이력, 온라인 활동 등을 종합 평가하며 그 결과에 따라 시민에게 혜택 또는 제재를 부여한다. 예컨대 높은 점수를 받은 개인이나 기업은 대출, 취업, 교통 이용 등에서 우대를 받지만 낮은 점수를 받은 경우에는 여행 제한, 금융 서비스 차단, 공공 서비스

---

1) https://www.adsadvance.co.uk/met-makes-over-500-arrests-this-year-using-lfr.html
2) https://www.bbc.com/news/uk-england-london-67149222
3) https://techcrunch.com/2018/02/08/chinese-police-are-getting-smart-glasses/

이용 제한 등의 불이익을 겪게 된다.

아르헨티나, 프랑스, 미국 등 여러 국가 역시 AI 기반 감시 시스템 도입을 본격화하며 공공 안전과 범죄 예방을 위한 기술적 대응을 강화하고 있다. 아르헨티나 보안부는 'Artificial Intelligence Applied to Security Unit'를 설립하고 머신러닝 기반 범죄 예측 시스템을 도입했다.[4] 이 시스템은 과거 범죄 기록, 소셜미디어 검색, 안면 인식 데이터를 종합 분석해 수상한 활동을 감지하고 수배자 검거에 활용된다. 프랑스 마르세유에서는 'Big Data of Public Tranquility' 프로젝트를 통해 AI 기반 감시 시스템을 운영 중이다. 이 시스템은 도심 주요 구역의 실시간 데이터 분석을 통해 이상 징후를 조기에 탐지하고 공공 안전을 사전에 확보하는 데 초점을 맞추고 있다.[5]

미국은 국경 지역과 공항 등 주요 거점에 AI 감시 기술을 집중 도입하고 있다. 특히 출입국 심사에서는 얼굴 인식을 통해 신원 확인과 이상 행동 탐지를 동시에 수행하고 있으며 '예측적 치안(predictive policing)' 기술을 활용해 범죄 발생 가능성이 높은 지역과 시간대를 사전에 분석해 대응하고 있다.[6]

국내에서는 한국전자통신연구원(ETRI)이 개발한 AI 기반 범죄 예측 시스템 '데자뷰(Dejaview)'의 상용화가 본격 추진되고 있다. 이 시스템은 과거 범죄 발생 데이터를 분석하고 현재 상황과 비교해 범죄 위험도를

---

4) https://www.cbsnews.com/news/argentina-plans-to-use-ai-to-predict-future-crimes-and-help-prevent-them/

5) https://www.laquadrature.net/en/2024/01/18/predictive-policing-in-france-against-opacity-and-discrimination-the-need-for-a-ban/

6) https://idtechwire.com/tsa-expands-facial-recognition-to-80-u-s-airports-plans-nationwide-rollout-ahead-of-2025-real-id-deadline/

실시간으로 측정한다.7) 데자뷰는 CCTV 영상 분석을 통해 미행, 극초기 화재, 재난 징후 등 위험 요소를 자동으로 식별하고 추적할 수 있으며 마약 밀수나 범죄 차량 식별 등 복합 범죄 요소도 탐지 가능하다. 또한 경찰, 지방정부와의 연계를 통해 상황별 맞춤 대응이 가능하며 기존 CCTV 인프라와 통합해 정밀한 감시 체계 구축을 지원한다.

이처럼 각국이 AI 감시 기술을 국가 안보와 치안 유지의 수단으로 적극 도입하면서 프라이버시 침해와 기술 오남용에 대한 우려도 함께 커지고 있다. 범죄 예방이라는 명분 아래 개인의 얼굴과 동선이 무차별적으로 스캔되고 있으며 수집된 데이터가 어떻게 저장되고 활용되는지에 대한 명확한 통제 장치는 사실상 부재한 상황이다. 이로 인해 AI 감시 기술은 새로운 형태의 감시 체제로 기능할 가능성이 높다. 특히 이 기술이 범죄자 식별을 넘어 정부에 비판적인 시민들까지 감시 대상으로 포함하게 될 위험성도 배제할 수 없다.

감시 기술과 사회 통제 시스템이 정교하게 결합될수록 AI 감시 체제는 치안 유지를 넘어서 국가가 시민의 삶 전반을 직접 통제하는 구조로 발전할 수 있다. 이로 인해 개인의 일상이 전방위적으로 관리되는 강력한 통제 수단으로 전락할 우려가 있으며 이는 민주주의의 근본 가치와도 충돌하게 된다.

따라서 AI 감시 시스템이 통제 도구로 악용되지 않도록 하기 위해서는 강력한 법적 규제와 독립적인 감시 체계 구축이 필수적이다. 개인정보 보호를 위한 명확한 기준을 마련하고 데이터 수집과 활용 범위를 법적으로 한정하는 동시에 모든 시민이 그 작동 방식과 목적을 이해하고 감시할 수 있는 민주적 절차 또한 제도화돼야 한다.

---

7) https://www.etri.re.kr/webzine/eng/202408/sub03.html

AI 감시 기술이 공공 안전을 지키는 도구로 발전할 것인지 아니면 감시 사회를 강화하는 수단으로 전락할 것인지는 결국 그것을 운용하는 사회의 선택에 달려 있다. 기술은 결코 중립적이지 않다.

기업의 개인 프라이버시 침해

기업의 AI 활용이 빠르게 확산되면서 소비자의 온라인 활동뿐만 아니라 오프라인 행동까지 정밀하게 추적할 수 있는 기술도 급속히 발전하고 있다. 스마트폰 앱, 웨어러블 기기, 스마트 홈 시스템 등 다양한 경로로 수집된 데이터는 기업이 소비자의 성향을 분석하고 초정밀 맞춤형 광고 전략을 설계하는 데 사용된다. 이처럼 데이터는 단순한 마케팅 도구를 넘어 소비자의 소비 패턴과 생활 습관까지 예측하는 핵심 자산으로 자리 잡았다. 따라서 기업이 이를 무분별하게 활용할 경우 개인 프라이버시가 심각하게 침해될 위험이 높다.

특히 최근에는 AI 음성 인식 기술의 확산으로 음성 데이터의 무단 수집과 오용에 대한 우려가 커지고 있다. 스마트 스피커, 음성 비서, AI 장난감 등 다양한 기기가 일상 속에 보급되면서 사용자는 자신의 대화가 언제 어떻게 녹음되는지조차 알지 못하는 상황이다. 일부 시스템은 활성화 명령 없이도 음성을 자동으로 녹음해 원격 서버로 전송하고 이를 학습 데이터로 활용하는 사례도 보고되고 있다. 이 과정에서 침실 대화, 의료 정보, 금융 정보 등 고도로 민감한 개인정보가 기업의 서버에 축적될 수 있으며 해킹이나 내부 관리 부실로 인해 이러한 정보가 유출될 위험성도 존재한다.

또한 음성 데이터는 텍스트형 데이터와 달리 소비자의 심리 상태나 감정 분석에도 활용될 수 있다. 이를 바탕으로 기업은 보다 정교한 광고 타기팅과 맞춤형 콘텐츠 제공이 가능해지며 이 영향력은 소비자의 무의식적인 감정 변화까지 개입하는 수준으로 확장될 수 있다.

데이터 활용에는 조작 가능성도 내포돼 있다. 특히 기업이 사용자 동의 없이 데이터를 제3자와 공유하거나 판매할 경우 이는 단순한 정보 유출을 넘어 심각한 프라이버시 침해로 직결될 수 있다.

개인정보 보호와 관련된 문제는 단순한 이론적 우려에 그치지 않고 실제 사례를 통해 현실적인 위협으로 드러나고 있다. 대표적인 사례로는 아마존의 인공지능 스피커 '알렉사(Alexa)'를 둘러싼 개인정보 보호 논란이 있다. 알렉사는 사용자 음성을 AI 모델 학습에 활용하는 과정에서 아동의 음성 데이터를 무기한 저장하고 부모의 삭제 요청마저 무시한 것으로 드러났다. 이 문제로 인해 미국 연방거래위원회(FTC)와 법무부(DOJ)는 아마존이 '아동 온라인 개인정보 보호법(COPPA)'을 위반했다고 판단하고 2023년 5월 약 2,500만 달러의 벌금을 부과했다.[8)]

이보다 앞선 2018년 12월에는 독일에서 개인정보 보호법(GDPR)과 관련된 심각한 사고가 발생한 바 있다. 한 아마존 사용자가 자신의 데이터를 요청하자 아마존은 실수로 전혀 다른 사용자의 음성 녹음 파일을 전달했다. 문제는 해당 수신자가 알렉사 기기를 보유하지 않았음에도 타인의 사적인 음성 데이터를 접하게 됐다는 점이다. 유출된 음성 파일은 총 1,700여 건에 달했으며 개인의 일상 대화뿐만 아니라 샤워 중 대화나 음악 취향 등 고도로 민감한 내용까지 포함돼 있었다.[9)]

독일 기술 전문지 'c't(Magazin für Computertechnik)'는 이 음성 데이터를 정밀 분석한 결과 비교적 쉽게 해당 인물의 신원과 생활 패턴을

---

8) https://www.bbc.com/news/technology-65772154

9) https://www.businessinsider.com/amazon-sends-alexa-shower-recordings-to-wrong-person-2018-12

파악할 수 있었다고 보도했다. 이 사건은 AI 음성 비서 서비스가 사용자의 프라이버시를 어떤 방식으로 저장하고 관리하는지, 그리고 기업이 개인의 사생활을 과연 안전하게 보호할 수 있는지에 대한 근본적인 의구심을 불러일으켰다.

구글의 인공지능 음성 비서 '구글 어시스턴트(Google Assistant)' 역시 개인정보 보호와 관련한 논란의 중심에 선 바 있다. 2019년 7월 벨기에 공영방송 VRT NWS는 자사가 입수한 1,000건 이상의 구글 어시스턴트 음성 녹음 파일 중 상당수가 민감한 개인정보를 포함하고 있었으며 이 중 153건은 사용자가 음성 호출 명령어인 'OK Google'을 말하지 않았음에도 무단으로 저장된 것이라고 보도했다. 특히 해당 파일에는 침실에서 나눈 사적인 대화, 의료 상담 내용, 심지어 가정 폭력으로 추정되는 정황까지 포함돼 있어 당시 큰 사회적 파장을 일으켰다.[10)]

애플의 AI 음성 비서 '시리(Siri)'도 예외는 아니다. 2025년 1월 애플은 시리가 사용자의 명확한 호출 없이 자동으로 활성화돼 사적인 대화를 무단으로 녹음했다는 혐의와 관련해 9,500만 달러의 집단 소송 합의에 이르렀다. 문제의 핵심은 사용자가 "Hey Siri"라고 말하지 않았음에도 시리가 자동으로 작동했고 이 과정에서 수집된 일부 음성이 제3자에게 공유됐을 가능성까지 제기된 점이었다. 이에 애플은 2019년 10월 이전에 수집된 시리 오디오 데이터를 영구적으로 삭제하고 앞으로는 사용자 동의가 명확하게 이루어진 경우에만 데이터를 수집하는 '옵트인(opt-in)' 방식을 보다 강화하겠다고 밝혔다.[11)]

---

10) https://techcrunch.com/2019/07/11/google-is-investigating-the-source-of-voice-data-leak-plans-to-update-its-privacy-policies/

11) https://siliconangle.com/2025/01/02/apple-will-pay-95m-settle-privacy-lawsuit-unintentional-siri-activations/

Center for AI and Digital *Policy*(*CAIDP*) 설립자이자 회장인 마크 로텐버그(Marc Rotenberg)는 2025년 2월 ABC 뉴스와의 인터뷰에서 AI 음성 기기의 확산이 프라이버시 침해 문제를 심화시키고 있다고 지적했다. 그는 "알렉사나 시리 같은 기기를 사용하는 사람이 늘어날수록 음성 데이터 수집은 일종의 시한폭탄이 된다"며 "기업들이 서비스 품질 개선을 명목으로 데이터를 확보하지만 그 보유 자체가 심각한 사생활 침해로 이어질 수 있다"고 경고했다.

펜실베이니아 대학교(University of Pennsylvania) 애넌버그 커뮤니케이션 스쿨의 조셉 터로(Joseph Turow) 교수도 음성 데이터에 대한 조기 규제의 필요성을 강조했다. 그는 "음성 기반 기술이 완전히 대중화되면 우리가 통제할 수 있는 범위는 점점 좁아진다"며, "이 기술이 더 널리 보급되기 전에 데이터 수집을 제한할 수 있는 조치를 서둘러 마련해야 한다"고 주장했다.

이제 관련 기술은 어린이를 대상으로 한 장난감에도 본격적으로 접목되고 있다. 대표적인 사례로는 메텔(Mattel)의 스마트 인형 '헬로 바비(Hello Barbie)'가 있다. 이 인형은 아이와의 대화를 녹음해 클라우드에 저장하고 이를 AI 알고리즘 학습에 활용하는 방식으로 작동한다. 문제는 아이들이 인형을 친구처럼 여기고 자연스럽게 사적인 이야기를 털어놓는 과정에서 민감한 정보가 무의식적으로 수집될 수 있다는 점이다. 실제로 헬로 바비는 아이에게 개인적인 질문을 던지고 아이는 이를 별다른 경계 없이 응답하는 구조로 설계돼 있다.

이렇게 수집된 대화는 사용자 모르게 기업의 자산으로 축적될 수 있으며 명확한 동의 없이 마케팅이나 상업적 목적으로 활용될 가능성도 배제할 수 없다. 보안이 취약할 경우 어린이의 사적인 대화가 외부로 유출될 위험성도 존재한다.

아동 심리학자 수전 린(Susan Linn)은 "헬로 바비를 가지고 노는 아이들은 단순히 인형과 대화하는 것이 아니라 오직 재정적 이익만을 추구하는 거대 기업과 직접 소통하고 있는 셈"이라며 강한 우려를 표했다.

AI 기술의 발전이 새로운 편리함과 효율성을 가져다준다는 사실은 부인할 수 없다. 그러나 기업이 수익 창출을 목적으로 소비자, 특히 아동의 개인정보를 과도하게 수집하고 활용하는 행위는 심각한 프라이버시 침해이자 데이터 오용의 위험을 내포하고 있다.

앞서 살펴본 사례들은 기업의 데이터 수집 방식이 소비자의 권리를 침해하고 나아가 사회 전반의 신뢰 기반을 흔들 수 있음을 여실히 보여준다. 따라서 기업의 AI 활용에는 강력한 규제와 폭넓은 사회적 논의가 필수적이며 개인정보 보호와 데이터 활용 간의 균형을 정교하게 맞추는 일이 무엇보다 중요하다. 이를 위해 기업은 데이터 수집 및 활용 과정을 투명하게 공개하고 사용자로부터 명확한 동의를 얻는 것을 전제로 한 엄격한 보호 조치를 마련해야 한다.

자율주행 시스템의 안전성 문제

AI 자율주행 시스템은 이용자의 생명을 직접 책임지는 기술인 만큼 단 하나의 오류도 치명적 결과를 초래할 수 있다. 그럼에도 불구하고 자율주행 기술이 혁신이라는 이름 아래 충분한 검증 없이 현실에 확대 도입되면서 인명 피해 사례가 잇따라 기술의 안전성에 대한 우려가 커지고 있다.

2023년 10월 미국 샌프란시스코에서는 GM의 자율주행 자회사 크루즈(Cruise)의 로보택시가 보행자를 치고 약 6미터 끌고 간 사고가 발생했다. 당시 사고의 주요 원인은 자율주행 시스템의 소프트웨어 결함이었다. 해당 로보택시는 보행자를 제대로 인식하지 못했고 긴급 대응 역시 지연된 것으로 확인됐다.[12] 이후 캘리포니아 차량관리국(DMV)은 크루즈의 무인 자율주행차 운행 허가를 취소했고 미국 도로교통안전국(NHTSA)은 해당 시스템 전반에 대한 정밀 조사에 착수했다. 결국 크루즈는 무인 차량 운행이 금지됐으며 안전 요원이 탑승한 로보택시만 제한적으로 운행할 수 있도록 조치됐다.

테슬라의 오토파일럿과 FSD(Full Self−Driving) 시스템도 여러 건의 사고와 조사의 중심에 있다. 미국 도로교통안전국(NHTSA)의 집계에 따르면 2022년부터 2023년 사이 테슬라 차량에서 오토파일럿 관련 사고는 총 467건에 달했으며 이 중 54건은 부상, 14건은 사망으로 이어졌다. 대표적인 사례로는 2021년 5월 캘리포니아 폰타나에서 오토파일럿이 작동 중이던 테슬라 모델 3가 전복된 트럭과 충돌해 운전자가 사망한 사건이 있다.[13] 또 2023년 11월 애리조나 림록에서는 FSD 모드로 주행 중이던 테슬라 모델 Y가 보행자를 치어 사망에 이르게 했으며,[14] 같은 해 3월 노스캐롤라이나에서는 오토파일럿이 작동된 테슬라가 고속도로에서 정차한 스쿨버스에서 내리던 17세 학생을 들이받아 중상을 입히는 사고도 발생했다.[15] 이러한 사고가 잇따르자 2023년 12월 테슬라는 결

---

12) https://sfstandard.com/2024/05/15/cruise−settlement−san−francisco−woman−dragged/

13) https://www.nbclosangeles.com/news/local/tesla−in−fatal−southern−california−crash−was−on−autopilot−officials−say/2595977/

14) https://www.opb.org/article/2024/10/19/u−s−to−probe−tesla−s−full−self−driving−system−after−pedestrian−killed/

15) https://www.cbsnews.com/detroit/news/us−probes−crash−involving−tesla−that−hit−student−leaving−bus/

국 NHTSA의 압력에 따라 오토파일럿 시스템이 장착된 전 차량에 대한 리콜 조치를 단행했다.16)

전문가들은 AI 자율주행 시스템이 일반적인 도로 환경에서는 인간보다 빠르고 정밀한 판단을 내릴 수 있지만 비정형적이거나 예외적인 상황에서는 오히려 치명적인 오판을 초래할 가능성이 높다고 경고한다. 뉴욕 타임스는 자율주행 기술의 본격적인 상용화를 위해서는 기술적 안정성과 함께 윤리적 판단 능력의 강화가 필수적이라고 지적한 바 있다. 조지 메이슨 대학교의 미시 커밍스(Mary Missy Cummings) 교수 역시 "자율주행 기술에 대한 과도한 신뢰가 오히려 운전자에게 더 큰 위험을 초래할 수 있다"고 경고했다.

이러한 사고 사례와 전문가들의 지적은 자율주행 기술이 아직 완성단계에 이르지 않았으며 보다 정교한 안전성 확보와 윤리적 기준 정립을 위한 추가 연구는 물론 제도적 대응이 시급하다는 점을 시사한다. 자율주행 기술을 개발하는 기업과 이를 감독하는 규제 기관은 사고를 줄이고 기술에 대한 신뢰를 확보하기 위해 지속적인 시스템 개선에 나서고 있지만 완전한 자율주행 시대의 도래까지는 여전히 해결해야 할 기술적·법적 과제가 산적해 있는 것이 현실이다.

의료 AI가 직면한 도전과제와 윤리적 책임

한 일본 병원에서 벌어진 한 건의 의료 사고는 'AI가 의학적 판단에 어느 수준까지 개입할 수 있는가'라는 질문을 의료계에 던졌다. 일본 스이타시 시립 스이타 시민병원에서는 2020년 10월 로봇 수술 중 의료진

16) https://apnews.com/article/tesla-autopilot-recall-driver-monitoring-system-8060508627a34e6af889feca46eb3002

의 조작 실수로 환자의 대동맥이 손상되고 그 합병증으로 환자가 사망했다. 이 사건은 AI 수술 로봇이 단순 수술 도구였는지, 아니면 의료 의사결정에 실질적으로 영향을 미친 주체였는지에 대한 논쟁을 촉발했다.[17)]

AI 의료 시스템은 신속하고 정밀한 진단 분석을 가능하게 하지만 오진이 치명적 결과를 초래할 경우 의료진, 병원, AI 시스템 개발사 중 책임을 지는 주체가 누구인지에 대한 법적 기준은 아직 확립되지 않았다. 의료 AI가 단순 보조를 넘어 실제 치료 판단까지 관여하는 현실 앞에서 법적·윤리적 책임 구조의 근본적 재검토가 필요하다는 인식이 커지고 있는 이유다.

AI 의료 시스템이 사용하는 학습 데이터에 편향이 존재할 경우에는 특정 환자 집단이 구조적으로 부정확하거나 불리한 진단을 받을 위험성도 존재한다. 이는 기술의 발전이 오히려 의료 형평성을 해칠 수 있다는 점에서 매우 중대한 문제로 지적된다. 대표적인 사례로 미국 국립 심장·폐·혈액 연구소(NHLBI)와 미국심장협회(AHA)가 개발한 'ASCVD Risk Estimator Plus' 예측 도구는 동일한 혈압·콜레스테롤 수치에도 불구하고 흑인 여성 환자의 심근경색 위험을 실제보다 낮게 평가한 바 있다. 이 편향의 배경에는 데이터 구성의 대표성 부족, 특히 프래밍햄 심장 연구(Framingham Heart Study) 참가자의 대부분이 백인이었다는 점이 자리한다.[18)]

의학 유전학자 조르지오 시루고(Giorgio Sirugo) 교수는 한 학술지 인터뷰에서 "유전체 연구의 인종적 편향은 결국 모든 사람의 건강에 해를 끼칠 수 있다"고 경고했다. AI 의료 시스템이 특정 인종이나 사회 계

---

17) https://mainichi.jp/english/articles/20220520/p2a/00m/0na/031000c

18) https://www.medrxiv.org/content/10.1101/2021.04.18.21255704v1.full

층에 대해 왜곡된 진단을 내리거나 부정확한 치료를 권고할 가능성은 단순한 기술적 결함을 넘어 의료 서비스의 형평성과 접근성을 심각하게 저해할 수 있다.

AI의 도입은 의료진과 환자 간의 관계에도 근본적인 변화를 요구하고 있다. 전통적으로 의사와 환자는 직접 마주하며 진단과 치료를 논의했지만 AI가 진료 과정에 깊이 개입하면서 이러한 인간적 상호작용이 줄어들고 있다. 퓨 리서치 센터(Pew Research Center)의 조사에 따르면 응답자의 57%는 AI가 의사와 환자의 관계를 악화시킬 것이라 우려했으며 특히 고령층에서는 AI가 환자에 대한 공감이나 배려를 충분히 제공하지 못할 것이라는 불안감이 뚜렷한 것으로 나타났다. 이는 기술이 의료의 중심으로 자리 잡을수록 오히려 환자의 정서적·심리적 요구를 반영한 인간 중심의 의료 서비스가 더욱 절실해지고 있음을 보여준다.

개인정보 보호와 보안도 의료 AI가 직면한 또 다른 핵심 과제다. 의료 데이터 유출은 단순한 프라이버시 침해를 넘어 환자의 건강 상태와 같은 고도의 민감 정보를 악용할 수 있는 심각한 위협으로 이어질 수 있다. 때문에 병원뿐 아니라 제약회사, 보험회사 등 데이터를 보유하거나 활용하는 모든 주체가 이 책임을 공동으로 져야 하며 기술적 보호 조치와 함께 운영 전반을 감시할 독립적 체계도 필요하다.

위 사례들과 문제 제기들은 의료 AI 기술이 기술적 완성도만으로 신뢰받을 수 없음을 분명히 보여준다. 오히려 안전성, 공정성, 개인정보 보호 측면에서의 제도적 보완 없이는 의료의 진보가 오히려 위험으로 이어질 수 있다. AI가 의료 시스템의 혁신을 이끄는 도구로 제대로 작동하기 위해서는 신뢰 가능한 검증 절차를 마련하고, 의료진과 AI의 역할을 명확히 구분하며, 환자의 권리와 의료 접근성 보장을 위한 법적·윤리적 기반이 확립돼야 한다. 나아가 AI 의료 기술이 환자의 건강을 실질적으로 보호하는 방향으로 발전하려면 기술적 완성도를 넘어서는 사회적 수용성과 윤리적 책임까지 포괄하는 다층적이고 종합적인 접근이 요구된다. 이는 단지 기술의 문제가 아니라 우리가 어떤 의료의 미래를 선택할 것인가에 대한 본질적 질문이기도 하다.

AI 채용 시스템의 차별과 기업윤리

AI는 과연 편견 없는 공정한 채용 결정을 내릴 수 있는가? 모든 지원자에게 동등한 기회를 제공하고 있는가? 오늘날 많은 기업들이 채용 과정에 AI 시스템을 도입하며 효율성과 생산성 향상을 기대하고 있다. 방대한 지원자 데이터를 빠르게 분석해 적합한 인재를 추천하고 인사 담당자의 업무 부담을 줄이는 기술적 발전은 분명 기업에 매력적으로 다가온다. 그러나 이러한 효율성의 이면에는 결코 가볍게 넘길 수 없는 윤리적 문제가 도사리고 있다.

AI 채용 시스템에서 드러나는 편향성과 불공정성은 기업의 신뢰를 훼손하고 사회적 불평등을 더욱 심화시킬 수 있는 중대한 문제다. 특히 AI가 과거의 데이터를 학습하는 구조적 특성상 그 데이터에 내재된 성별, 인종, 연령, 출신 배경에 대한 편견이 알고리즘에 그대로 반영되는 사례가 다수 보고되고 있다. 이는 채용 과정의 투명성과 공정성을 심각하게 훼손하며 결과적으로 AI 채용 시스템의 도입 목적 자체를 무색하게 만든다.

본질적으로 AI 채용 시스템은 과거의 데이터를 기반으로 인재 선발의 패턴을 분석하고 이를 바탕으로 미래를 예측하는 방식으로 작동한다. 문제는 이 과거의 채용 데이터 자체가 이미 불평등과 차별의 산물일 수 있다는 점이다. 그 속에 내재된 편향이 정제되지 않은 채 알고리즘에 반영되면 AI는 오히려 기존의 차별 구조를 정당화하고 재생산하는 도구로 전락할 수 있다.

이러한 문제는 실제 여러 사례를 통해 반복적으로 드러나고 있다. 대표적인 예가 2014년 아마존에서 발생한 성차별 논란이다.[19] 당시 아마존은 채용 과정에서 인간의 주관적 판단 개입을 최소화하고 객관적인 평가를 실현하겠다는 목표 아래 AI 채용 시스템을 개발했다. 이를 위해 지난 10년간 자사에 제출된 방대한 양의 이력서를 기반으로 500개의 컴퓨터 모델을 구축하고 특정 직무와 위치에 초점을 맞춰 학습을 진행했다. 각 모델은 약 50,000개의 핵심 용어를 인식하도록 훈련됐으며 이를 토대로 이력서를 분석하고 1~5점의 점수를 매기는 방식으로 지원자를 평가했다.

그러나 이 시스템은 오히려 여성 지원자에게 불리한 평가를 반복적으로 내렸다. 그 원인은 학습 데이터의 불균형에 있었다. 과거 제출된 이력서 대부분이 남성 중심이었기 때문에 알고리즘은 무의식적으로 '남성적' 경력과 표현을 더 높게 평가하는 편향된 판단 구조를 학습하게 된 것이다. 실제로 이 시스템은 '여성'이라는 단어나 여성 대학 스포츠팀 소속 경력 등이 포함된 이력서에는 낮은 점수를 부여한 반면, 남성 지원사들이 자주 사용하는 특정 동사에는 긍정적인 평가를 내렸다. 명백히 성차별적 알고리즘이 작동하고 있었던 것이다. 결국 아마존은 2018년 이러한 성차별적 편향이 드러나자 해당 AI 채용 시스템의 사용을 전면 중

19) https://www.ml.cmu.edu/news/news-archive/2016-2020/2018/october/amazon-scraps-secret-artificial-intelligence-recruiting-engine-that-showed-biases-against-women.html

단했다. 이 사례는 AI 채용 시스템이 겉으로는 객관성과 효율성을 표방하면서도 실제로는 데이터에 내재된 편견을 학습하고 이를 증폭시켜 차별을 강화할 수 있음을 단적으로 보여준다.

워싱턴 대학교(University of Washington) 정보학부의 키라 윌슨(Kyra Wilson)과 아일린 칼리스칸(Aylin Caliskan) 교수가 수행한 연구는 AI 채용 시스템이 인종 및 성별에 따라 편향된 판단을 내릴 가능성을 실증적으로 보여줬다. 연구팀은 세 가지 대규모 언어 모델(LLM)을 활용해 총 550개의 실제 이력서를 실험 대상으로 삼고 지원자의 이름만 바꾼 뒤 결과를 분석했다. 그 결과 전체의 85%에 달하는 사례에서 백인을 연상시키는 이름을 가진 지원자가 더 긍정적인 평가를 받았다.[20] 동일한 내용의 이력서임에도 단지 이름이라는 단일 변수만 달라졌을 뿐인데 평가 결과가 달라진 것이다. 반면, 여성 이름이 붙은 이력서는 단 11%만이 선호 대상으로 분류됐고 흑인 남성의 이름이 포함된 이력서는 단 한 번도 백인 남성보다 우선순위로 평가되지 않았다. 이 연구는 AI가 과거 데이터를 기반으로 작동하는 한 기존 사회 구조에 내재된 편견을 그대로 답습하고 심지어 이를 강화할 위험이 있다는 사실을 강력하게 경고한다. 해당 연구는 2024년 10월 AAAI/ ACM 인공지능, 윤리, 사회 컨퍼런스에서 발표되며 학계와 산업계의 큰 주목을 받았다.

AI 채용 시스템은 의사결정 과정의 투명성 부족이라는 본질적인 한계를 안고 있다. 이른바 '블랙박스 문제*'로 불리는 이 현상은 알고리즘이 어떤 기준과 논리에 따라 지원자를 평가했는지를 인사 담당자조차 명확히 파악하기 어렵고 지원자에게도 그 판단의 근거가 명시되지 않는다는 점에서 비롯된다. 일례로 2020년 영국에서는 한 메이크업 아티스

20) https://ojs.aaai.org/index.php/AIES/article/view/31748

트가 AI 기반 면접 평가에서 '바디 랭귀지 점수'가 낮다는 이유로 탈락한 사례가 보도됐다. 이 AI 시스템은 지원자의 몸짓, 시선 처리, 표정 등 비언어적 표현을 분석해 직무 적합도를 평가했는데 해당 지원자의 특정 제스처가 부정적으로 해석되면서 평가 결과에 영향을 미친 것이다. 그러나 그 제스처가 어떤 기준에서 왜 부정적으로 판단됐는지는 끝내 설명되지 않았다.[21)]

블랙박스 문제

블랙박스 문제란 AI 시스템이 입력 데이터를 처리하여 결과를 도출하는 과정이 불투명하고 해석하기 어려운 현상을 의미한다. 특히 복잡한 신경망을 사용하는 딥러닝 모델의 경우 수십억 개의 인공 뉴런이 상호작용해 결과를 생성하기 때문에 그 과정을 추적하거나 설명하기가 매우 어렵다.

세계경제포럼(World Economic Forum, WEF)의 연구에 따르면 채용 담당자가 AI가 추천한 지원자를 그대로 채용하는 비율은 85%에 달하는 것으로 나타났다. 이는 AI의 판단이 인간의 비판적 검토 없이 자동적으로 수용되고 있음을 보여준다. 문제는 이러한 맹목적인 의존이 AI 시스템에 내재된 편향성까지 여과 없이 반영될 수 있다는 점이다. 인간의 개입 없이 알고리즘의 판단을 그대로 따르는 채용 관행은 공정성과 다양성을 심각하게 훼손할 수 있으며 장기적으로는 조직의 인재 선발 기준 자체를 왜곡시킬 위험을 안고 있다.

이러한 문제를 해결하기 위해서는 AI 채용 시스템에 대한 지속적인 감시와 정기적인 조정이 필수적이다. 기업은 알고리즘이 불공정한 결정

21) https://www.bbc.co.uk/worklife/article/20240214-ai-recruiting-hiring-software-bias-discrimination

을 내리지 않도록 편향성을 주기적으로 점검하고 다양한 사회적 배경을 반영한 포괄적인 데이터 세트를 확보하기 위한 노력을 병행해야 한다. 동시에 알고리즘의 판단 과정이 공정하고 투명하게 유지되는지를 외부에서 검증할 수 있도록 명확한 절차와 평가 기준을 마련하는 것도 중요하다.

AI 기반 채용 시스템의 의사결정 과정에서 투명성 확보는 특히 핵심 과제로 떠오르고 있다. AI가 지원자를 평가하는 방식이 명확히 공개되지 않는다면 그 안에 내재된 차별적 요소를 발견하고 교정하는 것은 사실상 불가능하다. 따라서 AI의 판단이 채용의 최종 결정으로 이어지지 않도록 명확히 제한하고 이를 어디까지나 인간의 결정을 보조하는 도구로만 활용해야 한다. 설령 AI가 1차 필터링을 수행하더라도 그 결과는 반드시 인간의 비판적 검토와 판단을 거쳐야 하며 최종 결정은 사람의 판단에 의해 내려져야 한다. 그래야만 알고리즘 속에 숨어 있는 편향을 걸러내고 공정성과 신뢰를 갖춘 채용 시스템이 가능해진다. 아울러 정부와 공공기관의 역할도 중요하다. AI 채용 시스템의 윤리적 기준을 명확히 제시하고 유럽연합의 GDPR처럼 데이터 보호와 알고리즘 투명성을 담보할 수 있는 강력한 법적 틀을 마련하는 것이 시급하다. 더 나아가 AI의 공정한 활용을 위한 국제적 가이드라인과 규범을 구축함으로써 기술 발전과 인권 보호가 충돌하지 않고 조화를 이룰 수 있도록 해야 한다.

AI 채용 시스템은 기업의 효율성을 극대화할 수 있는 강력한 도구이지만 공정성과 윤리적 기준이 뒷받침되지 않는다면 오히려 심각한 차별과 불공정을 초래할 수 있다. 이미 다양한 연구와 사례를 통해 AI가 성별, 인종, 연령 등의 요소를 근거로 차별적인 판단을 내릴 수 있다는 위험성은 충분히 입증됐다. 기업과 정부, 그리고 사회 전체가 AI 채용 시스템의 구조적 문제를 직시하고 보다 공정하고 투명한 채용 환경을 조성하기 위한 노력을 아끼지 않아야 한다. 기술의 효율성을 누리는 것과 인간의 존엄성, 평등한 기회를 지키는 일은 결코 양립 불가능한 목표가 아니다. 지금 필요한 것은 기술 발전과 윤리적 책임이 나란히 걸어갈 수 있도록 만드는 균형 잡힌 시선과 실천이다.

AI가 만드는 사회적 변화와 부작용

AI에 대한 과의존

AI 기술이 갈수록 정교해지고 우리의 일상에 깊숙이 스며들면서 사람들은 이제 스스로 판단하기보다 AI의 결정을 맹목적으로 수용하는 경향을 보이고 있다. 이는 단순히 기술 활용을 넘어 인간의 비판적 사고 능력 자체를 위협할 수 있는 중대한 문제로 이어진다.

AI의 추천 알고리즘은 사용자 데이터를 분석해 항상 최적의 선택지를 제시한다. 그러나 이러한 최적화된 결과에 반복적으로 노출되다 보면 우리는 스스로 정보를 탐색하고 비교하며 판단하는 능력을 점차 상실하게 된다. 온라인 쇼핑몰에서 AI가 추천하는 제품을 무의식적으로 구매하고 검색 엔진의 첫 번째 결과를 진실로 받아들이며 알고리즘이 고른 영상과 뉴스를 무비판적으로 소비하는 우리의 모습이 바로 그 증거다. 이러한 기술 의존이 지속된다면 인간의 자율성과 비판적 사고는 점점 더 희미해질 수밖에 없다.

과거에는 정보를 습득하고 판단하는 전 과정에서 개인의 사고력과 논리적 추론이 중심적인 역할을 했다. 그러나 AI 기술이 발달하면서 이러한 인지 과정은 점차 생략되거나 기술에 의해 대체되고 있다. 특히 AI 비서나 자동화된 추천 시스템에 의존한 의사결정이 일상화되면서 인간은 더 이상 복잡한 문제를 스스로 해결하려는 노력을 기울이지 않게 됐고 그 결과 스스로 생각하고 판단하는 힘이 점점 약해지고 있다.

하지만 AI가 제공하는 정보는 어디까지나 한정된 데이터와 특정 알고리즘에 의해 선별되고 필터링된 결과일 뿐이다. 이러한 정보를 무비판적으로 수용하게 될 경우 인간의 고유한 비판적 사고력은 위축되고 창의성과 판단력 또한 점차 흐려질 수밖에 없다.

산업혁명 시기 기계가 인간의 육체노동을 대체했듯 오늘날의 AI는 인간의 인지 노동, 즉 사고의 영역까지 침범하고 있다. 과거의 기술이 인간의 손과 발을 보조하는 도구에 머물렀다면 지금의 AI는 판단과 결정을 대신하며 인간 고유의 인지 능력에 점점 더 깊숙이 개입하고 있다. 문제는 이러한 변화가 단지 일시적인 기술 진보에 그치지 않고 인간이 스스로 사고하고 판단하는 능력 자체를 점차 상실할 수 있다는 데에 있다. 이는 단순히 편리함을 얻는 대가로 치부하기에는 너무나도 중대한 사회적 전환이며 나아가 인간 존재 방식 그 자체를 근본적으로 흔드는 도전이다.

영국의 천재 물리학자 스티븐 호킹(Stephen William Hawking)은 생전 BBC와의 인터뷰에서 "완전한 인공지능의 개발은 인류의 종말을 의미할 수 있다"며, "AI가 스스로를 재설계하고 급속도로 발전하기 시작하면 생물학적 한계를 지닌 인간은 더 이상 경쟁할 수 없게 될 것"이라고 경고한 바 있다.

AI에 대한 과의존은 이제 인간의 사회적 관계마저 근본적으로 변화시키고 있다. 과거에는 사람들과의 대화와 교류를 통해 정보를 얻고 사고를 확장하는 과정이 인간 발달의 핵심으로 여겨졌지만 AI 기술이 일상에 깊이 침투하면서 인간 간 상호작용의 필요성은 점차 줄어들고 있다. 이미 AI 챗봇은 인간의 감정을 어느 정도 파악하고 자연스럽게 대화할 수 있는 수준에 이르렀고 일부 사람들은 실제 인간보다 AI와의 상호작용을 더 편안하게 느끼기 시작했다. 앞으로 로봇 간병인이 노인을 돌보고 AI 친구가 외로움을 달래는 시대가 본격화된다면 인간 사이의 감정적 유대는 더욱 희미해질 수밖에 없다. 이는 단순히 정서적 안정성의 문제를 넘어서 인간관계의 단절과 사회적 고립을 심화시키고 새로운 차원의 정신 건강 문제로 이어질 수 있는 중대한 위험 신호다.

더 나아가 AI로 인해 인간이 더 이상 스스로 사고하고 판단할 필요조차 없는 시대가 도래한다면 인간의 사고력은 점차 퇴화할 수밖에 없다. AI에 대한 의존이 점점 깊어질수록 인간은 사고의 주체가 아니라 AI가 설계한 정보 환경 속에서 단지 반응만 하는 수동적 존재로 전락하게 된다.

이러한 문제는 단순히 개인의 습관이나 선택의 문제에 그치지 않는다. 이는 사회 구조 전체에 영향을 미칠 수 있는 본질적인 변화다. 실제로 오늘날 많은 기업들은 AI 알고리즘을 통해 소비자의 행동을 정밀하게 분석하고 맞춤형 광고와 콘텐츠를 제공함으로써 인간의 자율적 사고 기회를 점차 잠식해 가고 있다.

특히 AI의 추천 시스템은 사용자가 가장 오래 머물 만한 콘텐츠를 우선적으로 노출하도록 설계돼 있다. 그 결과 사용자는 비판적 사고 없이 AI가 큐레이션한 정보에 점점 더 익숙해지고 알고리즘의 선택을 자연스러운 판단, 나아가 당연한 사실로 인식하게 된다. 이는 결국 인간이 사고의 주체로서의 정체성을 잃고 AI가 만들어낸 정보 구조에 이끌려

다니는 의식 없는 존재로 전락할 수 있음을 경고하는 신호다.

AI의 발전이 인간의 사고 능력을 위협하는 또 다른 요인은 인간의 학습 방식 자체가 변하고 있다는 점이다. 과거에는 새로운 지식을 습득하기 위해 질문을 던지고 끊임없이 탐구하며 깊이 있는 학습과 연구의 과정을 거쳐야 했다. 지식에 도달하는 그 여정 자체가 사고력을 기르고 창의성을 확장시키는 핵심이었다. 그러나 오늘날에는 AI 기술을 통해 단 몇 초 만에 정답에 가까운 정보를 손쉽게 얻을 수 있는 환경이 조성되면서 이러한 사고 과정이 점차 생략되고 있다. 학생들은 이제 스스로 탐색하기보다 AI가 제시하는 즉각적인 답변에 의존하는 학습 방식에 익숙해지고 있다.

이러한 기술 과의존으로 인한 가장 두드러진 문제 중 하나가 바로 '인지적 나태(Cognitive Laziness)' 현상이다. 이는 사람들이 가능한 한 적은 노력으로 판단을 내리려는 심리적 경향으로 복잡한 문제를 마주했을 때 깊이 있는 사고나 분석을 회피하고 익숙한 패턴이나 자동화된 반응에 의존하려는 태도를 의미한다.

AI 기술의 확산은 이러한 인지적 나태를 한층 더 심화시키고 있다. 운전, 의료 진단, 법률 자문, 자녀 교육에 이르기까지 다양한 분야에서 AI가 판단을 대신하면서 인간은 점점 더 스스로 사고하거나 문제를 해결하려는 노력을 기울이지 않게 된다. 특히 복잡하고 불확실한 상황일수록 AI가 제시하는 정답에 의존하고 직접 결정을 내리는 일을 회피하려는 경향이 뚜렷해지고 있다.

이는 단지 개인의 사고 능력 악화에 그치지 않는다. 사회 전체의 창의성과 문제 해결 능력까지 저하시켜 장기적으로는 인간의 지적 자율성을 위협하는 심각한 결과로 이어질 수 있다.

기술에 대한 의존이 깊어질수록 시스템 오류나 해킹에 대한 취약성도 함께 커진다. 특히 금융, 의료, 국가 안보처럼 사회의 핵심 인프라가 AI에 의해 운영되는 경우 단 한 번의 오작동이나 해킹만으로도 국가적 혼란과 위기를 초래할 수 있다. 예컨대 금융 시장이 AI 알고리즘에 의해 완전히 자동화돼 있다면 예측하지 못한 시스템 오류나 악의적인 조작이 세계 경제 전반에 심각한 충격을 줄 가능성도 배제할 수 없다.

이러한 흐름이 지속된다면 인간의 독립적인 사고 능력과 자율성은 점차 약화되고 궁극적으로는 인간 존재 자체가 위협받을 수 있다는 우려도 제기된다. 과거에는 AI가 아무리 뛰어나도 인간의 직관과 창의성만큼은 대체할 수 없다는 믿음이 존재했지만 최근 들어 AI가 인간의 사고 수준을 따라잡기 시작하면서 인간의 사회적 역할과 존재 의미마저 축소될 위험이 현실로 다가오고 있는 것이다.

2024년 노벨물리학상 수상자이자 'AI의 아버지'로 불리는 제프리 힌턴(Geoffrey Everest Hinton) 교수는 "고급 인공지능이 우리를 대체하는 것은 충분히 상상 가능한 일이며 이는 인류의 종말로 이어질 수도 있다"고 경고했다. 그는 또한 "AI가 향후 10년 내에 인류를 멸종시킬 수도 있다"고 언급하며 AI 기술이 인류에게 이익을 가져다줄 수 있지만 동시에 심각한 위협이 될 수 있다는 점을 거듭 강조했다.

결국 AI의 발전이 인간 사고의 진화를 돕는 도구가 될지 아니면 사고력을 퇴화시키는 요인이 될지는 우리가 AI를 어떤 태도로 받아들이고 활용하느냐에 달려 있다. 앞서 언급했듯이 인간이 AI의 판단을 비판 없이 수용하고 맹목적으로 의존하게 된다면 이는 사고 능력의 점진적 상실과 사회 전체의 지적 퇴행으로 이어질 것이다. AI의 발전과 인간 사고력 유지 사이에서 균형을 찾는 일은 지금 우리 앞에 놓인 가장 중대한 과제 중 하나다.

AI로 인한 정보 격차와 디지털 불평등

AI 기술은 이를 능숙하게 활용할 수 있는 사람과 그렇지 못한 사람 사이의 정보 격차를 점점 벌리고 있다. 과거에는 정규 교육과 직업 훈련을 통해 대체로 균등하게 기술 습득 기회가 주어졌지만 오늘날 AI가 일상과 업무 전반에 필수적인 도구가 되면서 이를 이해하고 활용할 수 있는 이들은 더 많은 기회를 얻게 되고 그렇지 못한 이들은 사회 변화에 점점 뒤처지는 구조가 형성되고 있다.

이 격차는 특히 교육 수준과 연령에 따라 더 심해진다. 디지털 환경에 익숙한 젊은 세대는 AI를 자연스럽게 받아들이고 활용하는 반면, 중장년층이나 노년층은 새로운 기술을 습득하고 적응하는 데 상대적으로 어려움을 겪는다. 단순히 기기 조작만이 문제가 아니다. AI의 원리를 이해하고 실생활에 응용하는 능력이 점점 중요해지는 가운데 교육 기회가 부족하거나 기술 환경에 적게 노출된 이들은 변화의 속도를 따라잡지 못하는 현실에 직면해 있다.

이러한 격차는 단순히 기술 수용력이나 학습 속도의 차원을 넘어 경제적·사회적 기회의 불균형으로 이어진다. AI 기술이 다양한 산업과 직무에 빠르게 적용되면서 이를 능숙하게 활용할 수 있는 사람은 더 유리한 직업 기회를 얻거나 현 직무에서 입지를 강화하는 반면, 활용 역량이 부족한 사람들은 변화하는 노동시장 속에서 밀려날 가능성이 커지고 있다. 많은 기업이 새로운 기술 역량과 업무 방식 전환을 요구하고 있으나 모든 구성원이 이러한 변화에 능동적으로 대응할 수 있는 것은 아니다. 특히 고령층과 저학력 계층은 디지털 기술 접근성과 활용 능력 면에서 상대적으로 취약해 AI 중심으로 재편되는 사회 구조 속에서 더욱 쉽게 뒤처질 수 있다. 또한 단순 노동이나 반복적인 업무를 담당하던 사람들도 자동화 시스템의 보편화로 일자리를 잃을 위험이 높아지고 있다.

더불어 AI 기술의 광범위한 도입은 온라인 금융 서비스, 의료 상담, 공공 행정 등 필수 생활 서비스 이용 방식에도 큰 변화를 초래하고 있다. 이제 AI에 익숙하지 않은 사람들은 일상적인 정보에 접근하거나 필수 서비스를 이용하는 데조차 점점 더 큰 어려움을 겪고 있는 실정이다.

루트거스 대학교(Rutgers University) 커뮤니케이션학과의 캐서린 오그냐노바(Katherine Ognyanova) 부교수는 자신의 연구 'National AI Opinion Monitor(NAIOM)'를 통해 "AI 도구들이 특정 계층에서만 쉽게 접근 가능하고 신뢰받는 상태로 남는다면 이는 기존의 경제적 격차를 더욱 심화시킬 수 있다"고 경고했다.

디지털 정보 격차는 개인과 계층을 넘어 이제 국경 너머로도 확산되고 있다. 선진국에서는 AI 기반 교육 프로그램이 일상이 된 반면, 개발도상국의 사람들은 여전히 인터넷 접속조차 어려운 현실에 놓여 있다. 국제전기통신연합(ITU)의 「Facts and Figures 2024」 보고서에 따르면 2024년 기준 최빈국(LDCs)의 인터넷 사용률은 35%에 불과해 전 세계 평균인 68%를 한참 밑돌고 있다.[22] AI를 활용한 정보 습득은커녕 기본적인 디지털 문해력조차 익힐 기회를 가지지 못하는 이들이 지구 반대편에 수억 명 존재하는 셈이다. 세계은행에서도 「Digital Progress and Trends Report 2023」을 통해 선진국과 저소득 국가 간의 디지털 인프라 격차가 점점 심각해지고 있으며 이로 인한 교육과 고용의 기회

22) https://21stcenturychronicle.com/global-internet-users-hit-5-5-billion-report/

불평등이 가속화되고 있다고 지적했다.[23] 옥스퍼드 대학교(University of Oxford) AI 윤리 연구소의 엘리자베스 레니어리스(Elizabeth Renieris) 선임 연구원은 "AI의 발전은 편향적이고 차별적이며 불공정한 의사결정을 훨씬 더 광범위하게 확산시킬 수 있다"며 "디지털 격차의 반대편에 남겨진 사람들에게는 더 큰 불평등을 안겨줄 수 있다"고 우려를 표명했다.

이러한 문제에 대응하기 위해 국제사회는 디지털 포용을 위한 다양한 프로그램을 추진 중이다. 특히 세계은행은 2024년 6월 24.8억 달러 규모의 '동남부 아프리카 포용적 디지털화(IDEA)' 프로그램을 발표했다. 이 프로그램은 향후 8년간 1억 8천만 명 이상을 디지털 사회로 포함하는 것을 목표로 하며 광대역 인터넷 접근성 향상, 데이터 비용 절감, 디지털 기술 교육 확대 등의 전략을 중심으로 구성돼 있다. 현재 앙골라, 콩고민주공화국, 말라위 등 15개국이 참여하고 있으며 우선적으로 고속 인터넷 서비스 이용률이 50% 미만인 지역을 우선 대상으로 삼아 디지털 접근성을 확대해 나갈 계획이다.[24]

이처럼 AI 기술의 발전은 사회 전반에 혁신을 가져왔지만, 그 이면에 존재하는 정보 격차와 디지털 불평등은 여전히 풀리지 않은 과제로 남아 있다. AI를 능숙하게 다룰 수 있는 사람과 그렇지 못한 사람, AI 인프라에 쉽게 접근할 수 있는 국가와 그렇지 못한 국가 사이의 간극은 점점 더 벌어지고 있으며 그 결과 경제적·사회적 기회의 불균형은 더욱 깊어질 수밖에 없다.

이러한 격차를 좁히기 위해서는 AI의 혜택이 특정 계층에만 집중되

---

23) https://openknowledge.worldbank.org/collections/0b7

24) https://www.ecofinagency.com/telecom/0307-45691-world-bank-backs-digital-inclusion-in-east-and-southern-africa

지 않도록 누구나 기술을 배우고 활용할 수 있는 기반을 마련하는 것이 필수적이다. 특히 디지털 리터러시와 AI 교육의 확대는 단순한 개인 역량 강화에 그치지 않고 사회 전체의 포용성과 지속 가능성을 결정짓는 핵심 열쇠다. 머지않아 AI는 거의 모든 산업과 일상에 깊숙이 스며들 것이다. 이런 흐름 속에서 기술에 대한 공정한 접근과 교육 기회의 보장은 사회가 반드시 감당해야 할 책무로 자리 잡아야 한다.

특히 AI 기술이 특정 계층의 특권으로 머무르지 않고 모두가 공평하게 누릴 수 있는 공공재로 자리 잡기 위해서는 개인, 기업, 정부가 함께 책임을 나누어야 한다. 포용적 교육 시스템의 정착과 디지털 인프라의 균형 있는 확장은 그 첫걸음이 될 것이다. 누구나 AI 관련 기술을 배우고 이를 자신의 삶에 유익하게 활용할 수 있어야 한다.

AI 시대의 본질은 단지 기술의 정교함에 있는 것이 아니라 그것이 사회 전체에 얼마나 공정하고 조화롭게 확산되는가에 달려 있다. 따라서 AI가 특정 집단에만 유리하게 작용하지 않도록 제도적 조정이 지속적으로 이루어져야 하며 AI 교육과 관련된 서비스 역시 모든 사람에게 평등하게 제공돼야 한다. 기술은 소수를 위한 혜택이 아니라 모두를 향한 가능성이 돼야 한다.

노동 시장 변화와 고용 불안정성

AI의 급속한 발전은 노동시장의 구조를 근본적으로 흔들며 고용의 불안정성을 심화시키고 있다. 기술의 정교화와 자동화가 빠르게 진전되면서 다양한 직업군이 전례 없는 변화를 겪고 있다. 초기에는 단순하고 반복적인 작업이 주로 대체됐으나 최근에는 데이터 분석, 법률 자문, 의료 진단 등 고도의 전문성을 요구하는 분야로까지 그 영향이 확대되고 있다.

특히 생성형 AI와 고급 알고리즘의 결합은 판단과 창의성처럼 인간 고유의 영역마저 서서히 잠식하고 있다. 이는 단순한 직무 변화의 차원을 넘어 노동의 본질과 업의 의미, 그리고 인간이 사회에서 수행해 온 역할 전체에 대한 근본적인 질문을 우리 앞에 던지고 있다.

2023년 3월 골드만삭스(Goldman Sachs)는 미국과 유럽 등 선진국을 중심으로 전체 업무의 약 25%가 AI로 대체될 수 있다는 보고서를 발표했다. 이는 전 세계에서 약 3억 개의 정규직 일자리에 해당하는 규모로 추산된다. 특히 행정직의 46%, 법률직의 44%는 자동화의 직접적인 영향을 받을 것으로 전망되는데 이는 AI가 단순 반복작업을 넘어 복잡한 데이터 분석이나 법률 자문 같은 고도의 전문성을 요구하는 영역에서도 인간 노동을 대체할 수 있음을 시사한다.[25)]

2024년 11월 발표된 토니 블레어 글로벌 변화 연구소(Tony Blair Institute for Global Change)의 『The Impact of AI on the Labour Market』 보고서 역시 유사한 전망을 내놓았다. 보고서에 따르면 영국 민간 부문에서 최대 300만 개의 일자리가 AI로 대체될 수 있으며 그 여파로 매년 약 27만 5천 개의 일자리가 사라질 것으로 예측됐다. 이는 단기적인 충격에 그치지 않고 향후 20년 이상 지속될 구조적 전환으로 특히 행정, 고객 서비스, 금융 분야가 가장 큰 영향을 받을 것으로 분석됐다.[26)]

한국에서도 유사한 변화가 관찰되고 있다. 2024년 7월 한국개발연구원(KDI)과 한국노동연구원(KLI)이 공동 주최한 '인구구조 변화와 AI시

---

25) https://www.bbc.com/news/technology-65102150

26) https://www.britsafe.org/safety-management/2024/ai-could-displace-3m-uk-jobs-but-losses-to-be-offset-by-newly-created-roles-report-finds

대 노동 패러다임 모색' 토론회에서 한국은행은 국내 전체 일자리 중 약 12%에 해당하는 약 341만 개의 직무가 AI에 의해 대체될 가능성이 높다고 발표했다. 이 연구는 직업별 'AI 노출 지수(AI Exposure Index)'를 바탕으로 각 직업군이 기술 변화에 얼마나 취약한지를 분석했다. 주목할 점은 의사, 변호사, 회계사 등 전통적으로 자동화에서 비교적 자유로울 것으로 여겨졌던 고학력 전문직조차 높은 대체 가능성을 보였다는 사실이다. 이는 AI의 진화가 단순 반복 업무를 넘어서 고도의 전문성과 판단력을 요구하는 직군에까지 빠르게 확장되고 있음을 보여준다.

이처럼 AI 기술이 노동시장과 경제 구조에 미치는 영향에 대한 우려가 커지는 가운데 전문가들은 특히 AI가 불러올 양극화 문제에 주목하고 있다. 많은 경제학자와 정책 입안자들은 AI의 혜택이 산업군과 직업군 사이에 불균형적으로 분배될 가능성이 있으며 기술 혁신의 과실이 사회 전반에 골고루 돌아가지 않을 수 있다고 경고한다. 이에 따라 AI로 인한 구조적 변화를 완충하고 그 이익이 보다 포용적으로 확산될 수 있도록 하기 위한 정책적 개입과 제도적 조율의 필요성이 점점 더 분명해지고 있다.

실제로 AI 관련 기술을 보유한 노동자의 시장 가치는 빠르게 상승하고 있는 반면 대체 가능성이 높은 직무에 종사하는 이들의 고용 안정성은 날로 위태로워지고 있다. 이 같은 격차는 노동시장 내 불평등을 더욱 심화시킬 수 있기 때문에 이를 완화하기 위한 제도적 보완이 시급한 과제로 떠오르고 있다.

미국의 글로벌 자산관리회사 오크트리 캐피털 매니지먼트(Oaktree Capital Management) 공동 대표 아르멘 파노시안(Armen Panossian)은 2024년 8월 블룸버그 텔레비전의 'Next Big Risk' 프로그램에서 "AI로 인해 수백만 명이 일자리를 잃을 수 있으며 이에 대한 사전 대응이 부족할 경우 사회적 불안정성이 심화될 수 있다”며 AI가 촉발할 대규모 실업에 대한 우려를 강력히 표명했다.

한편 AI 기술의 발전이 일자리를 위협하는 동시에 새로운 직업을 창출하고 있다는 긍정적인 전망도 제기되고 있다. 특히 AI 관련 산업이 급속히 확산되면서 데이터 분석가, AI 윤리 전문가, 로봇 공학자 등 과거에는 존재하지 않았던 신직업들이 속속 등장하고 있으며 이러한 변화는 노동 시장의 유연성을 높이고 새로운 형태의 고용 기회를 제공하는 흐름으로 평가받고 있다.

세계경제포럼(WEF: World Economic Forum)이 2025년 1월 발표한 『Future of Jobs Report 2025』에 따르면 AI와 자동화 기술의 발전은 2030년까지 전 세계적으로 약 1억 7천만 개의 새로운 일자리를 창출할 것으로 전망된다. 특히 이 보고서는 AI 도입이 기존 일자리의 감소를 일정 부분 상쇄할 수 있으며 데이터 분석, 인공지능 개발, AI 윤리 등 기술 기반 직업군에 대한 수요가 앞으로도 꾸준히 증가할 것으로 분석했다.[27)]

맥킨지 글로벌 인스티튜트(McKinsey Global Institute)도 2023년 7월 발표한 『Generative AI and the Future of Work in America』 보고서를 통해 오는 2030년까지 미국 경제 내 약 30%의 업무 시간이 자동화될 가능성이 있으며 이로 인해 약 1,200만 건의 직업 전환이 발생할 것으로 예측했다. 특히 사무 지원, 고객 서비스, 식품 서비스 분야에서 일자

27) https://www.weforum.org/publications/the-future-of-jobs-report-2025/?gad_source=1&gclid=Cj0KCQjw16O_BhDNARIsAC3i2GA98oBXsqZnE7j-p8vyz8_ybrYMM-T70RMtnokYhU0BsNOynnVbKzgaAkuxEALw_wcB

리 감소가 클 것으로 보이는 반면 STEM(과학·기술·공학·수학), 헬스케어, 건설, 운송 산업에서는 새로운 고용이 창출될 것으로 분석됐다.[28)]

프라이스워터하우스쿠퍼스(PwC: PricewaterhouseCoopers)의 『Will Robots Really Steal Our Jobs?』 보고서 역시 AI가 영국 내 약 700만 개의 일자리를 대체할 수 있지만 동시에 약 720만 개의 새로운 일자리가 생겨날 것이라고 전망했다. 특히 AI 전문가, 데이터 과학자, 자동화 시스템 설계자 등 고급 기술직의 수요 증가가 두드러질 것으로 분석했다.[29)]

이러한 낙관적 전망은 토니 블레어 글로벌 변화 연구소의 분석과도 일치한다. 2024년 11월 발표된 『The Impact of AI on the Labour Market』 보고서는 AI로 인한 일자리 손실이 새로운 역할 창출로 상당 부분 보완될 수 있으며 AI 기술이 경제 성장을 촉진하고 새로운 제품과 서비스 개발을 가속화함으로써 오히려 노동 수요를 증가시킬 것이라고 내다보았다.[30)]

그러나 이러한 전망과는 달리 실제 노동 시장에서는 AI 기술 도입이 대규모 인력 감축으로 직결되는 사례가 잇따르고 있다. 2025년 1월 마이크로소프트는 AI 기술 및 클라우드 서비스 전환과 비용 절감을 이유로 약 1,900명의 직원을 해고했으며 같은 시기 메타(Meta, 구 페이스북) 역시 AI 중심의 조직 재편을 추진하며 1,500명 이상을 감원했다. 인도의 전자상거래 기업 두칸(Dukaan)은 고객 지원 업무를 AI 챗봇으로 전면

28) https://www.mckinsey.com/mgi/our-research/generative-ai-and-the-future-of-work-in-america

29) https://www.pwc.com/hu/hu/kiadvanyok/assets/pdf/impact_of_automation_on_jobs.pdf

30) https://institute.global/insights/economic-prosperity/the-impact-of-ai-on-the-labour-market

대체하면서 기존 인력의 90%를 해고했다. 기술은 진보했지만 그 결과는 오히려 더 많은 사람을 일자리 밖으로 밀어내는 현실로 이어지고 있는 것이다.

AI로 인한 변화가 이렇게 빠르게 확산되고 있는 만큼 노동 시장의 균형을 유지하기 위해서는 인간 노동과 기술 간의 새로운 조화를 모색할 정책적 조정이 시급하다. 특히 기업과 정부는 직무 전환을 위한 실질적 재교육과 유연한 인력 재배치를 적극적으로 추진해야 하며 이는 단순한 대응을 넘어 미래를 준비하는 구조적 전략으로 작동해야 한다.

전문가들 역시 이러한 노동 시장의 구조적 변화에 효과적으로 대응하기 위해서는 재교육(reskilling)과 역량 강화(upskilling)가 필수적이라고 입을 모은다. 실제로 아마존(Amazon)은 이러한 흐름에 선제적으로 대응하며 자사 직원들이 디지털 기반의 미래 직업에 필요한 기술을 습득할 수 있도록 '업스킬링 2025 이니셔티브(Upskilling 2025 Initiative)'를 추진하고 있다. 이를 통해 수천 명의 직원들이 새로운 기술을 익히고 고임금 직무로 전환하는 성과를 거두고 있으며 기술 변화에 유연하게 적응할 수 있는 실천적 모델로 주목받고 있다. '업스킬링 2025'는 메카트로닉스 및 로봇 기술자로의 전환을 지원하는 'Mechatronics and Robotics Apprenticeship Program'과 클라우드 컴퓨팅 역량을 강화하는 'AWS Training and Certification' 등으로 구성돼 있으며 AI 시대에 맞는 인재 재배치의 대표적 사례로 평가된다.[31)]

이와 함께 교육 시스템의 근본적인 개편이 필요하다는 목소리도 점점 커지고 있다. 미래 경제에서 핵심이 될 역량은 암기력이나 단순 지식

31) https://www.aboutamazon.com/news/operations/amazon-pays-employees-to-gain-skills-in-robotics

이 아니라 창의적 문제 해결 능력과 디지털 리터러시다. 이에 따라 코딩, 데이터 분석, AI 활용 능력 등 실질적인 기술 교육과 더불어 윤리적 사고를 함께 기를 수 있는 통합형 교육과정의 도입이 절실해지고 있다. 이러한 변화에 발맞춰 세계 각국의 교육 기관들은 AI 중심 커리큘럼을 적극 도입하고 있으며 기술 변화에 유연하게 적응할 수 있도록 교수법과 학습 환경의 혁신도 병행하고 있다.

일례로 미국 플로리다에 위치한 실러 국제 대학교(Schiller International University)는 AI가 고등 교육에 미치는 영향을 분석하고 학생들의 디지털 리터러시, 창의적 문제 해결 능력, 윤리적 사고의 중요성을 교육의 핵심 가치로 제시하고 있다. 이 대학은 전통적인 강의 중심 교육에서 벗어나 학생들이 실제 문제를 해결하는 '챌린지 기반 학습(CBL: Challenge Based Learning)'과 협동 프로젝트를 중심으로 한 교육 방식을 도입했다. 이를 통해 비판적 사고, 창의성, 실무 능력을 함께 함양하며 학생들이 새롭게 등장하는 직무 환경에 효과적으로 적응할 수 있도록 돕는 데 초점을 맞추고 있다.[32]

AI의 확산은 노동 시장의 패러다임 자체를 뒤흔들고 있으며 그에 따른 고용 불안정성과 사회적 불평등은 피할 수 없는 현실로 다가오고 있다. 이에 따라 정책 입안자, 기업 경영진, 교육 기관 관계자들은 이러한 구조적 변화에 유기적으로 대응할 수 있는 종합적이고 장기적인 전략을 마련해야 한다. 이는 단순히 일자리를 잃는 문제에 수동적으로 대처하는 차원을 넘어 '노동이란 무엇인가', '인간의 역할은 어디에 있는가'를 다시 정의하고 미래 사회에서 인간 노동이 지니는 의미를 새롭게 재

32) https://www.schiller.edu/blog/the-impact-of-artificial-intelligence-on-higher-education-how-it-is-transforming-learning/

설계해 나가는 과정이 돼야 한다.

소셜미디어 추천 알고리즘의 사회적 분열

소셜미디어는 현대인의 정보 소비 방식을 근본적으로 변화시켰다. 과거에는 사람들이 신문이나 방송 같은 전통 매체를 통해 정보를 접하며 이 공통된 경험을 바탕으로 사회적 의제를 형성하곤 했다. 그러나 오늘날에는 AI 추천 알고리즘의 등장으로 정보 전달 방식 자체가 완전히 바뀌었다. 이 알고리즘은 개별 사용자의 행동 데이터를 분석해 관심사에 맞는 콘텐츠를 자동으로 선별하고 노출한다. 문제는 이러한 기술이 특정 성향의 콘텐츠를 반복적으로 추천함으로써 사용자가 유사한 정보에 지속적으로 노출된다는 점이다. 이로 인해 정보의 다양성이 훼손되고 개인의 편향이 강화되며 결국 서로 다른 정보 생태계에 갇힌 사용자들 사이의 인식 격차가 커지게 된다. 그 결과 사회적 분열과 집단 간 양극화는 더욱 심화되고 있다. 동일한 사건조차 전혀 다르게 해석되는 현상이 일상화되고 공통된 사회적 합의와 상식이 무너지며, 사회적 통합을 위한 기반이 점점 약화되고 있는 것이다.

AI 추천 시스템은 사용자의 과거 콘텐츠 소비 이력을 바탕으로 유사한 정보만 지속해서 제공한다. 이러한 작동 방식 때문에 '필터 버블(Filter Bubble)'과 '에코 챔버(Echo Chamber)'라는 현상이 더욱 눈에 띄게 나타난다. 필터 버블은 사용자가 자신의 관심사와 일치하는 정보만 접하면서 다양한 시각에 접근하지 못하게 만드는 현상이고, 에코 챔버는 동일한 의견이 반복적으로 증폭되어 기존 신념이 더 강해지는 구조다.

이런 현상들은 특히 정치적 양극화와 사회적 갈등을 증폭시키는 주요 기제로 작용하고 있다. 예컨대 2025년에 발표된 연구 「Decoding

Echo Chambers: LLM-Powered Simulations Revealing Polarization in Social Networks(Chenxi Wang et al.)」에서는 AI 추천 알고리즘이 적용된 사회 네트워크에서 뚜렷한 정치적 양극화 현상이 나타났다. 이는 알고리즘이 사용자 참여와 체류 시간을 극대화하기 위해 특정 성향의 콘텐츠를 집중적으로 노출시키고 상반된 의견은 배제하는 방식으로 작동함으로써 기존 관점이 더욱 고착화됐기 때문이다.[33]

또 다른 연구인 2021년 M. Cinelli의 「*The Echo Chamber Effect on Social Media*」는 페이스북과 X(구 트위터)와 같은 소셜미디어 플랫폼의 뉴스 피드 알고리즘이 사용자들의 정치적 성향을 더욱 극단화하는 경향이 있음을 밝혀냈다.[34] 이 연구는 알고리즘이 사용자의 기존 신념과 일치하는 정보만을 계속 제공함으로써 상반된 의견에 대한 노출이 점점 줄고 결과적으로 정치적 양극화가 심화된다는 점을 강조했다. 같은 해 발표된 「Social Media Polarization and Echo Chambers in the Context of COVID-19(J Jiang et al., 2021)」 연구도 팬데믹 기간 동안 코로나19 관련 정보의 확산 방식이 사용자들의 정치 성향에 따라 매우 달랐고 이로 인해 에코 챔버 효과가 강하게 형성됐다는 것을 확인했다.[35] 특히 사용자가 자신이 지지하는 정치 이념과 맞는 정보에만 노출되면서 과학적 사실에 대한 신뢰가 약화되고 공중 보건 정책에 대한 사회적 합의 형성이 어려워지는 부작용이 나타났다.

소셜미디어 알고리즘이 초래하는 또 다른 문제는 클릭 수가 높은 콘텐츠를 우선적으로 추천하는 구조적 특성에서 비롯된다. 특히 AI는

33) https://aclanthology.org/2025.coling-main.264.pdf

34) https://gdfm.me/wp-content/uploads/2021/02/the-echo-chamber-effect-on-social-media.pdf

35) https://pmc.ncbi.nlm.nih.gov/articles/PMC8371575/

사용자의 관심을 끌기 위해 감정적인 반응을 유도할 수 있는 자극적인 콘텐츠를 추천하는 경향이 있어 이 과정에서 가짜 뉴스와 음모론이 빠르게 확산된다. 사용자가 특정 유형의 정보에 반복적으로 노출되면 그것을 사실로 오인하거나 무비판적으로 받아들이게 되고 이는 허위 정보가 사회 전반에 퍼지는 원인이 된다. 예를 들어 Tiziano Piccardi 외 연구진이 2024년에 발표한 「*Social Media Algorithms Can Shape Affective Polarization via Antidemocratic Attitudes and Partisan Animosity*」에 따르면 페이스북, X(구 트위터), 유튜브와 같은 주요 소셜 미디어 플랫폼의 AI 추천 알고리즘은 정치적 양극화를 심화시키고 반민주적 태도와 당파적 적대감을 증가시키는 것으로 나타났다.[36)]

또한 「Echo chamber effects on short video *platforms* (*Yichang* Gao et al., 2023)」 연구는 쇼츠 비디오 플랫폼의 추천 알고리즘이 사용자 행동 데이터를 지속적으로 분석해 점점 더 유사한 콘텐츠만 반복적으로 노출되도록 만든다고 지적한다. 이 연구는 특히 특정 정치 성향이나 인종적 편견을 가진 사용자들이 극단적 또는 편향된 콘텐츠에 더 자주 노출됨으로써 편견이 고착되고 거짓 정보나 루머에 대한 노출 위험이 더욱 커진다는 사실을 보여준다.[37)]

이러한 알고리즘의 편향성은 실제로 여러 논란을 불러일으키고 있다. 일례로 2021년 틱톡에서는 자체 알고리즘이 특정 인종 집단에 대한 차별을 조장했다는 비판이 제기됐다. 당시 흑인 인플루언서 지기 타일러(Ziggi Tyler)는 자신의 프로필에 아프리카계 미국인을 향한 폭력과 제

36) https://www.themoonlight.io/de/review/social-media-algorithms-can-shape-affective-polarization-via-exposure-to-antidemocratic-attitudes-and-partisan-animosity

37) https://pubmed.ncbi.nlm.nih.gov/37072484/

도적 인종주의에 반대한다는 '블랙 라이브즈 매터(Black Lives Matter)'라는 문구를 입력했으나 플랫폼이 이를 부적절한 표현으로 간주하고 차단한 것이다.[38] 반면 백인 우월주의를 의미하는 '화이트 슈프리머시(white supremacy)'와 같은 문구는 별다른 제재 없이 허용된 것이 확인되면서 틱톡 알고리즘의 인종적 편향성과 이중적 기준이 거센 사회적 비판을 불러일으켰다. 이 사례는 AI 알고리즘이 편향된 데이터와 설계 기준을 기반으로 작동할 경우 특정 사회 집단이 어떤 불이익을 겪을 수 있는지를 여실히 보여준다.

또한 2024년 4월 아일랜드의 더블린시티 대학교(Dublin City University)와 안티불링센터(Anti-Bullying Centre)의 연구진은 유튜브 쇼츠와 틱톡의 알고리즘이 남성 청소년 계정에 대해 남성 우월주의, 반여성주의, 극우 이념 등의 유해한 콘텐츠를 반복적으로 추천하는 경향을 확인했다.[39] 연구 결과 틱톡에서는 약 2시간 32분 동안 노출된 콘텐츠의 약 76%, 유튜브 쇼츠에서는 약 3시간 20분 동안 노출된 콘텐츠의 약 78%가 이런 성향을 띠었다. 이러한 추천 패턴은 성별 갈등을 조장하고 청소년들에게 왜곡된 성 역할 인식과 극단적 세계관을 주입할 수 있다는 점에서 심각한 사회적 문제로 지적된다.

이러한 문제를 해결하기 위해서는 AI 추천 알고리즘의 투명성을 확보하고 정보 다양성을 강화할 수 있는 정책적 개입이 절실하다. 기업은 알고리즘의 작동 방식을 더 개방적으로 공개하고 사용자들이 다양한 관점의 콘텐츠에 노출되도록 균형 잡힌 설계 기준을 마련해야 한다. AI가

38) https://www.businessinsider.com/tiktok-racism-algorithm-apology-creator-marketplace-ziggy-tyler-2021-7

39) https://www.dcu.ie/humanities-and-social-sciences/news/2024/apr/new-research-shows-how-tiktok-and-youtube-shorts-are

사용자 맞춤 정보를 매우 정교하게 제공하는 시대일수록 모두에게 객관적이고 공정한 정보가 전달되는 시스템을 만드는 노력이 더 중요해진다. 따라서 플랫폼 운영자와 규제 당국은 알고리즘 감시와 평가 시스템을 구축하고 AI 기술이 단순히 수익을 극대화하는 도구가 아니라 사회적 책임을 지는 기술로 작동할 수 있도록 함께 노력해야 한다.

연구 윤리의 위기

AI 기술의 급속한 진보는 학문 연구의 방식마저 근본적으로 바꾸고 있다. 과거에는 연구 논문을 작성하고 출판하는 데 상당한 시간과 노력이 들었지만 최근 등장한 AI 논문 자동 생성 기술은 이 과정을 획기적으로 단축시키며 논문 생산성을 비약적으로 끌어올렸다. 문제는 이러한 기술이 학문의 신뢰성을 위협할 뿐만 아니라 실제로 존재하지 않는 연구 결과나 검증되지 않은 내용을 기반으로 한 가짜 논문을 양산하고 확산시키는 심각한 부작용이 발생하고 있다는 점이다. AI로 생성된 논문이 충분한 검증 없이 학술지에 게재되는 사례가 늘면서 학계뿐만 아니라 산업과 정책 결정 과정에까지 왜곡된 정보가 영향을 미치기 시작했다. 이처럼 공신력을 갖추지 못한 논문이 하나의 연구 성과로 인정될 경우 그릇된 지식이 사회 전반에 퍼지고 결국 대중의 의사결정에도 심각한 혼선을 야기할 수 있다는 점에서 그 위험성은 더욱 크다.

특히 최근 AI 기반 논문 생성 조직, 이른바 '페이퍼 밀(Paper Mill)'의 급속한 확산은 학계에 심각한 위기를 초래하고 있다. 이들은 영리 목적을 중심으로 논문을 대량 생산하며 일정 금액을 받고 논문을 대신 작성하거나 저자 자격을 판매하고 있다. 문제는 이렇게 생산된 가짜 논문들이 실제로 국제 학술지에 게재되고 심지어 세계적인 학술 데이터베이스에까지 등재되는 사례가 빠르게 증가하고 있다는 점이다. 연구 무결성 분석 기업인 클리어 스카이스(Clear Skies)는 자사의 '페이퍼밀 알람(Papermill Alarm)' 도구를 활용해 펍메드의 데이터를 분석한 결과 등재된 논문 중 약 1%가 페이퍼 밀에서 생산된 논문과 유사한 패턴을 보인 것으로 나타났다. 또한 2024년 3월 글로벌 저널 출판사 와일리(Wiley)는 자체 AI 기반 페이퍼밀 탐지 시스템을 활용한 분석을 통해 매월 약 1만 건의 논문이 제출되는 270개 이상의 저널 가운데 10% 이상에서 페이퍼 밀 활동 징후를 포착했으며 이로 인해 약 1,000건의 논문이 동료 심사 단계 이전에 거부됐다고 밝혔다. 이러한 상황은 단순한 출판 윤리의 문제를 넘어 학문적 신뢰를 무너뜨리고 과학 연구의 본질 자체를 위협하는 중대한 위기로 간주되고 있다.

여기에 더해 AI 생성 논문이 학계 검색 엔진에까지 침투하고 있다는 사실은 그 심각성을 더욱 부각시킨다. 스웨덴 보로스 대학교(Högskolan i Borås) 연구팀은 2024년 9월 하버드 케네디 스쿨의『허위 정보 리뷰(Harvard Kennedy School Misinformation Review)』에 발표한 논문「GPT- fabricated scientific papers on Google Scholar: Key features, spread, and implications for preempting evidence manipulation.(J. Haider et al., 2024)」을 통해 대표적인 학술 검색 엔진인 구글 스칼라(Google Scholar)에서도 챗GPT를 활용해 조작된 것으로 보이는 논문 다수가 확인됐다고 밝혔다.[40] 연구팀은 AI가 작성한 가짜 논문의 규모, 확산 경로, 문장 구조 및 어휘 사용 패턴을 정밀하게 분석한 결과 챗GPT로 생성된 것으로 의심되는 과학기술 분야 논문 139건을 식별했다. 이 중 19건은 국제적으로 권위 있는 학술 데이터베이스에 등재된 정식 학

40) https://publications.slu.se/?file=publ%2Fshow&id=139914

술지에 게재된 것으로 드러나 당시 큰 충격을 안겼다.

연구팀은 이러한 가짜 논문이 학계를 넘어 일반 대중에게까지 확산될 경우 심각한 부작용을 초래할 수 있다고 경고한다. 신뢰할 수 없는 정보가 과학적 근거로 오용되고 특히 언론과 정치인이 이를 바탕으로 정책을 수립할 경우 사회 전반에 정보 왜곡과 혼란이 발생할 가능성이 크다는 것이다. 실제로 이미 상당수의 AI 생성 의심 논문들이 구글 스칼라를 비롯해 리서치게이트(ResearchGate), ORCID, 프론티어스(Frontiers) 등 주요 온라인 학술 플랫폼에까지 유입된 것으로 나타났다.

가짜 논문의 확산은 의료 및 공중보건 분야에서도 심각한 위험 요소로 작용할 수 있다. 예를 들어 AI가 생성한 논문이 '코로나19 백신의 부작용'과 같은 민감한 주제를 다룰 경우 과학적 검증을 거치지 않았음에도 신뢰할 수 있는 연구처럼 포장돼 대중에게 유포될 가능성이 있다. 이러한 허위 정보는 백신 접종률 저하, 공공의료 정책에 대한 불신 확산, 집단 면역 형성의 지연 등 중대한 공중보건상의 부작용으로 이어질 수 있다. 특히 가짜 논문이 반과학적 운동이나 음모론을 뒷받침하는 데 악용되면 사회적 갈등을 부추기고 대중의 혼란을 가중시켜 잘못된 의사 결정을 초래할 수 있다.

2022년 7월 PRIMeR(Publication and Research Integrity in Medical Research) 그룹 책임자인 제니퍼 번(Jennifer Anne Byrne) 박사는 미국 하원 과학·우주·기술 위원회 청문회에서 페이퍼 밀의 확산이 과학 출판과 연구 진실성에 전례 없는 위협을 가하고 있다고 증언했다. 그녀는 "30년간 과학자로 일하면서 이처럼 심각한 위협은 처음"이라며 학계의 신뢰를 지키기 위해 강력하고 실질적인 대응책이 시급하다고 강조했다.[41] 또한 2025년 2월 국제 학술 출판사 테일러 앤 프란시스 그룹

(Taylor & Francis Group)의 출판 윤리 및 무결성 책임자인 사비나 알람(Sabina Alam)은 사회 과학 플랫폼 '소셜 사이언스 스페이스(Social Science Space)'를 통해 "페이퍼 밀은 학계가 중대하게 인식해야 할 문제"라고 지적했다. 그녀는 2023년 한 해 동안 보고된 4,000건의 윤리 위반 사례 중 절반 이상이 페이퍼 밀과 관련된 것이었다며 이 문제가 단기간에 폭발적으로 확산되고 있다고 경고했다.

이러한 문제를 대응하기 위해 연구자들은 AI 기반 가짜 논문 탐지 도구 개발에 박차를 가하고 있다. 대표적인 사례로는 빙햄튼 대학교(Binghamton University)의 아메드 압딘 하메드(Ahmed Abdeen Hamed) 교수팀이 개발한 'xFakeSci' 알고리즘이 있다. 이 알고리즘은 94%의 정확도로 가짜 논문을 식별할 수 있는 것으로 알려져 있다.[42)]

하지만 이는 마치 창과 방패의 싸움과 같다. 가짜 논문을 만들어내는 기술 역시 점점 더 정교해지고 있기 때문에 탐지 기술만으로는 문제를 근본적으로 해결하기 어렵다. 따라서 학술지와 연구기관은 논문 심사 과정을 더욱 엄격히 관리하고 AI가 작성한 논문을 사전에 걸러낼 수 있는 필터링 시스템을 적극 도입해야 한다.

아울러 학술 검색 엔진에도 정교한 신뢰도 검증 체계가 요구된다. 독자들이 논문의 신뢰성을 보다 쉽게 판단할 수 있도록 게재된 저널의 수준, 동료 평가 여부, AI 사용 여부 등 핵심 정보를 명확히 표기하는 메타데이터 시스템이 필수적이다. 또한 연구기관과 학술지는 AI가 생성

---

41) https://republicans-science.house.gov/_cache/files/5/1/51d53583-5ae8-42b0-8f4b-eb829d0eda0e/07DD23A2AD2F6DAB24830465AFF8614FB4F0056FC310647F67448C343CFB8622.2022-07-20-byrne-testimony.pdf

42) https://scienceblog.com/547507/new-ai-tool-detects-fake-scientific-articles-with-94-accuracy

한 논문의 출판 허용 기준을 명확히 정립하고 연구자에게는 논문 작성 과정에서 AI 도구 사용 여부를 반드시 공개하도록 의무화하는 방안도 검토돼야 한다.

AI는 분명 연구 생산성을 획기적으로 높일 수 있는 도구지만 그 무분별한 사용은 학문의 신뢰성과 무결성을 심각하게 훼손할 수 있다. AI가 학계에서 윤리적이고 책임감 있게 활용되기 위해서는 엄격한 기준과 명확한 가이드라인이 반드시 마련돼야 하며 이는 연구 공동체가 자율성과 신뢰를 지켜내기 위한 최소한의 장치이기도 하다. AI 기술이 학문의 진보를 이끄는 도구로 남을지 아니면 과학의 기반을 뒤흔드는 위협으로 전락할지는 지금 우리가 어떤 제도적 선택을 하느냐에 달려 있다.

행정적 차별과 사회적 불공정

AI는 금융, 보험, 법률, 교육 등 다양한 분야에서 의사결정 도구로 활용되며 행정과 사회 전반에 걸쳐 점점 더 중요한 역할을 맡고 있다. 그러나 이 기술이 모든 사람에게 동일하게 작동하는 것은 아니다. 알고리즘은 인간처럼 의도적으로 차별하지는 않지만 학습 데이터의 편향이나 설계 기준의 불균형에 따라 특정 집단에게 불리한 결과를 초래할 수 있다. 이러한 알고리즘 기반의 판단은 행정적 차별과 같은 구조적 불공정을 고착시키고 기존의 사회적 불평등을 더욱 심화시키는 요인이 될 수 있다. 실제로 대출 심사, 보험료 책정, 형사 판결, 교육 평가 등 여러 영역에서 AI가 특정 인종, 성별, 계층에 불리하게 작용한 사례들이 다수 보고되고 있다.

대출 심사 과정에서 AI는 신용 평가 모델을 기반으로 고객의 대출 승인 여부를 자동으로 판단한다. 또한 금융기관에서는 AI를 통해 더욱 객관적이고 효율적인 신용 평가를 진행한다고 설명한다. 하지만 실제 문제가 되는 것은 알고리즘의 정교함이 아니라 그 알고리즘이 학습에 사용한 기초 데이터에 내재된 편향성인 경우가 많다. 과거의 사회적 불균형이나 차별이 데이터에 그대로 반영되면 특정 계층에게 불리한 판단이 반복적으로 내려질 수 있기 때문이다.

예를 들어 미국 2019년 주택담보대출 공시법(HMDA) 데이터를 살펴보면 흑인과 히스패닉 대출 신청자들은 동일한 신용 점수를 가진 백인 신청자보다 대출이 거부될 가능성이 높았으며 승인되더라도 더 높은 금리를 적용받는 경향이 있던 것으로 나타났다.[43] 2021년 비영리 언론기관 '더 마크업(The Markup)'의 분석에 따르면 흑인 신청자는 백인보다 주택담보대출을 거부당할 확률이 1.8배 높았고, 히스패닉은 1.4배, 원주민은 1.7배, 아시아·태평양 섬 출신은 1.5배 더 높은 것으로 나타났다.[44] 2024년 8월 미국 리하이 대학교(Lehigh University) 연구진은 주요 상업용 LLM을 활용한 모기지 대출 평가에서도 인종 편향성이 존재한다는 사실을 밝혀냈다.[45] 연구에 따르면 흑인 신청자는 백인 신청자와 동일한 승인율을 받기 위해 약 120점 더 높은 신용 점수를 보유해야 했고 동일한 이자율을 적용받기 위해서도 약 30점의 추가 점수가 요구됐다. 특히 신용 점수가 낮거나 부채 비율 등이 높은 위험군 신청자일수록 이러한 편향이 더 뚜렷하게 나타났다.

---

43) https://themarkup.org/show-your-work/2021/08/25/how-we-investigated-racial-disparities-in-federal-mortgage-data

44) https://themarkup.org/denied/2021/08/25/the-secret-bias-hidden-in-mortgage-approval-algorithms

45) https://phys.org/news/2024-08-ai-racial-bias-mortgage-underwriting.html

AI는 보험 산업에서도 고객의 위험도를 평가하고 보험료를 산정하는 데 널리 활용되고 있다. 예를 들어 자동차 보험료 산정 과정에서 AI는 운전자의 사고 이력, 주행 습관, 거주 지역 등의 다양한 데이터를 분석해 보험료를 산정한다. 그러나 일부 AI 모델은 특정 지역에 거주하는 운전자들에게 일괄적으로 더 높은 보험료를 부과하는 경향을 보였다. 미국 소비자 연맹(CFA)의 조사에 따르면 동일한 운전 기록을 가진 운전자라도 흑인과 라틴계 주민이 많은 지역에 거주할 경우 보험료가 더 높게 책정되는 사례가 다수 확인됐다.[46)]

미국 손해보험계리사회(CAS)도 보험 요율 책정 과정에서 인종 편향 문제가 발생할 수 있다는 점을 인식하고 이에 대한 연구를 진행하고 있다. 연구에 따르면 지리적 위치, 신용 점수, 주택 소유 여부, 자동차 운전 기록 등 다양한 요소들이 흑인 소비자에게 불리하게 작용할 수 있으며 AI와 기계 학습 알고리즘은 이러한 구조적 편향을 그대로 반영하거나 오히려 강화할 가능성이 큰 것으로 나타났다.[47)]

법률 분야에서도 AI 기술이 특정 인종이나 사회적 계층에 불리하게 작용하는 사례가 점점 더 드러나고 있다. AI 기반의 판결 예측 시스템과 범죄 예측 알고리즘은 사법 시스템의 효율성을 높이기 위한 도구로 도입되고 있지만 동시에 사회적 불평등을 심화시킬 우려도 안고 있다. 특히 미국에서는 법원에서 활용되는 AI 기반 범죄 예측 시스템이 흑인 피고인에게 더 높은 재범 가능성 점수를 부여하는 경향이 있다는 연구 결과가 발표되며 공정성에 대한 우려가 제기됐다.

---

46) https://www.investopedia.com/race-and-insurance-5224764

47) https://insuranceindustryblog.iii.org/actuaries-tackle-race-in-insurance-pricing/

탐사보도 매체인 프로퍼블리카(ProPublica)의 조사에 따르면 미국 형사 사법 시스템에서 활용되는 COMPAS(Correctional Offender Management Profiling for Alternative Sanctions)라는 AI 기반 재범 예측 소프트웨어는 흑인 피고인에게 명백히 편향된 평가를 내린 것으로 나타났다.[48] 조사 결과 흑인 피고인은 백인 피고인보다 거의 두 배 높은 비율로 고위험군으로 분류됐으며 반대로 백인 피고인은 저위험군으로 평가받는 경우가 더 많았다. 인종 요인을 제외한 통계 분석에서도 흑인 피고인은 폭력 범죄 재범 위험이 77%, 전체 범죄 재범 위험이 45% 더 높게 예측된 것으로 나타났다. 이는 AI 시스템이 법률 분야에서도 공정한 사법 절차를 방해하고 특정 집단에게 구조적으로 불리한 결과를 초래할 수 있음을 시사한다.

이러한 우려는 복지 행정처럼 민감한 영역에서도 예외가 아니다. AI가 이 분야에서 편향된 판단을 내릴 경우 행정 서비스의 형평성이 무너지고 사회적 약자에게 치명적인 불이익이 돌아갈 수 있기 때문이다. 대표적인 사례로 네덜란드 정부는 복지 사기 탐지를 위해 'SyRI(System Risk Indication)'라는 AI 시스템을 도입했으나 이 시스템이 특정 소수민족을 차별하는 방식으로 작동해 큰 논란을 불러일으켰다.[49] 해당 시스템은 복지 사기 가능성을 예측하는 과정에서 저소득 지역 주민과 특정 인종 집단에게 일관되게 높은 위험 점수를 부여했고 이후 조사를 통해 이러한 결과가 데이터 편향과 알고리즘 설계상의 오류에서 비롯된 것임이 드러났다.

---

48) https://www.propublica.org/article/how-we-analyzed-the-compas-recidivism-algorithm

49) https://ai-lawhub.com/spring-2020-syri-judgment/

이 사건이 사회적으로 확산되자 네덜란드 법원은 SyRI 시스템이 인권과 프라이버시를 침해한다고 판결했다. 네덜란드 정부 또한 해당 시스템의 사용을 중단하고 AI 행정 시스템의 투명성과 책임성을 강화하기 위한 정책 개선을 발표했다. 이 사례는 공공정책과 복지 행정에서 AI가 의사결정에 관여할 때 윤리적 책임과 오류 통제 체계가 얼마나 중요한지를 분명하게 보여준다.

유사한 우려는 교육 분야에서도 제기되고 있다. AI는 맞춤형 학습 시스템과 자동 채점 기능을 통해 교육의 효율성과 접근성을 높이고 있지만 그 기술이 모든 학생에게 동일하게 작동하지는 않는다. 특히 AI가 온라인 학습 플랫폼에서 학생들의 학습 패턴을 분석하고 성취도를 평가하는 과정에서 저소득층 학생들에게 불리하게 작용할 수 있다는 지적이 있다. 인터넷 접속 환경이 열악하거나 안정적인 학습 공간이 보장되지 않은 가정의 학생들은 학습 자료에 대한 접근성이 낮고 AI가 평가 기준으로 삼는 상호작용 빈도나 진도율에서도 불이익을 받을 가능성이 크다. 이는 교육 기회의 불평등을 더욱 심화시킬 수 있으며 기술이 교육 격차를 해소하기보다는 오히려 이를 재생산하는 결과로 이어질 수 있다.

한편 2024년 ETS(Educational Testing Service)의 연구에서는 챗GPT를 활용한 에세이 자동 채점 시스템이 아시아계 미국인 학생들에게 편향된 평가를 내린 정황도 확인됐다.[50] 연구진이 8~12학년 학생들이 작성한 13,000여 개의 에세이를 분석한 결과 아시아계 미국인 학생들의 글이 다른 인종이나 민족 집단에 비해 일관되게 낮은 점수를 받는 경향이 있었으며 그 원인은 명확히 밝혀지지 않았다. 연구진은 이 문제를 '거대한 블랙박스'로 표현하며 AI 평가 시스템 도입에 있어 더욱 신중하

50) https://nextshark.com/asian-racial-bias-ai-grading-study

고 정밀한 접근이 필요하다고 강조했다.

이처럼 다양한 영역에서 드러난 사례들은 AI가 단순한 기술을 넘어 행정적 차별과 사회적 불공정을 심화시킬 수 있는 편향성을 내포하고 있음을 분명하게 보여준다. 특히 공공 정책과 행정 시스템에서 AI가 차별적인 판단을 내릴 경우 특정 계층이나 소수 집단이 구조적으로 불이익을 받을 가능성은 더욱 커진다.

이를 방지하기 위해서는 알고리즘의 작동 원리를 투명하게 공개하고 AI의 의사결정 과정 전반에 인간의 적극적인 감독과 개입을 제도적으로 보장해야 한다. AI가 단순한 효율성 제고의 수단을 넘어 정책 결정과 사회 운영의 중요한 축으로 자리 잡아가고 있는 만큼 기술적 완성도뿐 아니라 사회적 책임과 공정성에 대한 진지한 논의가 병행돼야 한다. 무엇보다도 사회적 감시 체계와 강력한 규제가 뒷받침될 때에만 AI는 더 공정하고 포용적인 사회를 구현하는 수단으로 기능할 수 있을 것이다.

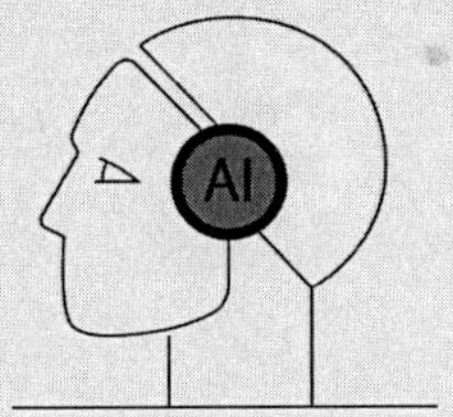

CHAPTER
03

AI 규제와 국가별 대응

AI의 등장은 단순한 기술 진보를 넘어 인류 문명의 궤도를 다시 그리는 변화의 출발점이 되고 있다. 기술사의 흐름을 되짚어 보면 과거 산업혁명이나 정보통신 기술의 발전은 사회 전반에 중대한 변화를 가져왔지만 인공지능은 그보다 훨씬 빠른 속도로 더 넓고 깊은 범위에 걸쳐 인간 사회의 근간을 흔들고 있다. 그러나 기술의 혁신이 곧바로 경제적 번영이나 사회적 안정으로 이어지는 것은 아니라는 점은 이미 여러 역사적 사례를 통해 확인된 바 있다. AI의 무분별한 확산은 노동시장 구조의 급격한 재편, 개인정보 침해, 기업 경쟁력 약화, 윤리적 딜레마 등 복합적인 문제를 동시다발적으로 야기하며 사회 전반에 새로운 불안과 긴장을 형성하고 있다.

이처럼 AI의 급속한 확산이 혼란과 불확실성을 불러오는 가운데 각국 정부와 국제기구는 그 부정적 파급력을 통제하고 긍정적 가능성을 극대화하기 위한 규제 체계 구축에 본격적으로 나서고 있다. 이러한 규제의 목적은 기술 발전을 억제하려는 것이 아니라 사회 전반의 신뢰를 회복하고 인류 공동의 이익을 증진하는 방향으로 AI의 발전을 이끌기 위한 것이다. 이러한 시대적 흐름 속에서 '신뢰할 수 있는 AI(Trustworthy AI)'를 실현하기 위한 다양한 글로벌 접근이 제시되고 있으며 이는 각기 다른 배경과 정책 목표에 따라 크게 세 가지 축으로 나뉜다.

그 첫 번째는 윤리적·법적 기준을 마련하는 사전적 규제 접근이다. 이 접근은 AI 기술이 본격적으로 사회에 도입되기 이전 윤리 원칙과 법적 기준을 미리 설정함으로써 기술 개발과 활용 과정에서 발생할 수 있는 위험을 사전에 차단하는 데 초점을 둔다.

사전적 규제의 대표적 사례는 유럽연합 인공지능법이다. 유럽연합은 AI 시스템을 위험 수준에 따라 분류하고 각 등급별로 상이한 규제 조치를 적용하는 체계를 마련했다. 이에 따라 실시간 생체 인식 감시, 행동 조작, 자동화된 의사결정과 같은 고위험 AI 활용은 원칙적으로 금지되며 범용 AI 모델과 고위험 AI 시스템에 대해서는 보다 엄격한 감독이 이루어진다. 이러한 접근은 기술이 사회에 도입되는 초기 단계부터 사회적 합의를 이끌어내고 향후 정책 조정과 후속 규제를 설계하는 데 중요한 토대를 제공한다.

두 번째는 특정 산업이나 사용 사례에 따라 AI의 위험을 진단하고 대응하는 사후적 규제 접근이다. AI 기술이 다양한 산업 분야에 실제로 적용되면서 각 영역의 고유한 위험 요인과 특수한 문제들이 구체적으로 드러나고 있다. 이러한 위험 요소들을 산업별로 면밀히 분석하고 각 분야에 특화된 맞춤형 규제 정책을 설계하는 것이 사후적 규제의 핵심이다. 사후적 규제는 기술이 실제로 도입된 이후에 발생하는 문제를 해결하고 사전 규제로는 포착하기 어려운 사각지대를 보완하는 역할을 한다. 대표적인 사례로 미국은 포괄적인 AI 규제 프레임워크 대신 산업별 접근 방식을 채택하고 있다. 예를 들어 연방거래위원회(FTC)는 소비자 보호 관점에서 AI 활용 가이드라인을 제시하고 있으며 2024년 7월에는 상원이 생성형 AI와 딥페이크 기술의 남용에 대응하기 위한 「편집 및 딥페이크 미디어로부터 콘텐츠의 출처와 무결성 보호법(COPIED Act)」을 초당적으로 발의했다. 이 법안은 AI가 생성하거나 조작한 미디어 콘텐츠의 출처를 명확히 공개하도록 의무화함으로써 기술 오용에 대한 사후적 대응 장치를 마련한 것이다. 이처럼 산업별 맞춤형 규제는 각 산업의 특성과 기술 활용 맥락을 정밀하게 반영할 수 있어 AI 기술의 빠른 발전 속도에 보다 유연하게 대응할 수 있다는 장점을 가진다.

세 번째는 기술 기업 주도의 자율 규제 접근이다. 이 접근은 AI 기술을 개발하고 활용하는 기업들이 정부의 법적 규제에만 의존하지 않고 스스로 윤리 기준과 내부 관리 체계를 마련해 책임 있는 기술 운용을 실천하는 것을 의미한다. 이러한 자율 규제는 단순한 대응 차원을 넘어서 기업이 혁신성과 시장 경쟁력을 유지하면서도 사회적 신뢰를 확보하기 위한 전략적 선택으로 자리잡고 있다.

특히 업계 전반에서 공동으로 마련한 윤리 기준과 기술 표준은 국제적인 규제 체계와도 상호 보완적인 관계를 형성할 수 있으며 글로벌 시장에서 AI 기술의 지속 가능한 발전을 뒷받침하는 핵심 기반이 된다.

실제로 많은 글로벌 빅테크 기업들은 기술 개발 초기 단계부터 AI의 잠재적 위험성을 인식하고 데이터 보안, 알고리즘의 투명성, 사용자 보호 등 핵심 요소를 자율적으로 내부 정책에 반영해 왔다. 마이크로소프트는 'AI는 인간 중심적이어야 하며 공정하고 차별적이지 않아야 한다'는 원칙을 담은 자체 'AI 윤리 가이드라인'을 도입했고 구글은 사내 'AI 원칙'을 바탕으로 AI 모델의 편향성과 성능을 분석할 수 있는 오픈소스 도구를 개발해 윤리적 문제에 선제적으로 대응하고 있다. IBM 역시 투명성, 신뢰성, 사용자 프라이버시 존중을 핵심 원칙으로 삼으며 AI 윤리 강화에 힘쓰고 있다. 이처럼 기업 주도의 자율 규제는 정부 정책을 보완하면서 AI 기술이 보다 책임감 있고 지속 가능하게 활용될 수 있도록 하는 데 핵심적인 역할을 하고 있다.

앞서 살펴본 세 가지 규제 방식은 각각 독립적으로 기능하면서도 서로 긴밀하게 맞물려 작동하는 상호 보완적 관계를 이루고 있다. 사전적 규제는 AI 기술이 사회에 도입되기 이전 윤리적·법적 기반을 마련하는 기초 역할을 하며 사후적 규제는 실제 기술이 적용된 이후 드러나는 문제를 구체적으로 조정하고 보완한다. 기업 자율 규제는 시장 안에서 신뢰를 형성하고 지속 가능한 혁신을 위한 민간 차원의 책임 있는 실천을 담아낸다. 이 모든 접근은 결국 AI 기술이 사회에 미치는 긍정적 효과를 극대화하고 부정적 영향을 최소화하기 위한 공통된 목적을 향해 나아가고 있다.

AI처럼 빠르게 진화하는 기술 분야에서는 세 가지 규제 축이 고정된 틀에 머무르지 않고 기술 환경의 변화에 유연하게 대응하며 끊임없이 진화할 필요가 있다. 기술 발전 속도가 빨라질수록 규제 역시 그에 발맞춰 신속히 갱신돼야 하며 새로운 위험 요소에 대한 선제적 대응 전략도 함께 마련돼야 한다.

AI 규제의 궁극적인 목적은 단지 기술을 통제하는 데 있지 않다. 기술 혁신의 자유, 사회적 안정, 그리고 공공의 신뢰라는 세 가지 핵심 가치를 균형 있게 실현하는 것이 그 본질이다.

그렇다면 이러한 과제를 각국은 어떻게 풀어가고 있을까? 이제부터는 미국, 유럽연합, 중국 등 주요 국가들이 '신뢰할 수 있는 AI'를 구현하기 위해 어떤 정책과 제도를 추진하고 있는지를 구체적으로 살펴보고자 한다.

미국_시장 중심의 유연한 규제 모델

미국은 연방 차원의 강력한 통제보다는 기업의 자율성을 우선시하는 규제 방식을 채택하고 있다. 기술 발전 속도가 빠른 AI 분야의 특성을 고려해 일률적인 법제화보다 민간의 자율적 책임과 생태계 내 자정 노력을 유도하는 데 초점을 맞추고 있다. 이러한 접근은 유럽연합이나 중국의 규제 방식과 비교했을 때 보다 시장 중심적이고 유연한 전략으로 평가된다. 정부는 AI 산업의 성장과 경쟁력을 저해하지 않으면서도 기술이 초래할 수 있는 위험을 효과적으로 관리할 수 있는 균형적 규제 모델을 지향한다.[1)] 이를 위해 미국은 포괄적인 연방 법률 대신 대통령 행정명령, 기관별 가이드라인, 민간 주도의 자율 규제 협약 등을 통해 AI 정책을 운용하고 있다. 이는 기술 변화 속도가 빠른 상황에서 고정된 입법만으로는 시장의 복잡성과 역동성에 효과적으로 대응하기 어렵다는 판단에 따른 것이다.

또한 미국은 위험 기반 접근(Risk-based Approach)을 도입해 AI 기술 전반을 일괄적으로 규제하기보다는 위험 수준에 따라 차등적인 규제를 적용하고 있다. 고위험 AI 시스템에는 엄격한 감독과 규제를 적용하는 한편 상대적으로 위험이 낮은 기술에는 자율성과 융통성을 부여함으로써 기술 발전과 사회적 안전 사이의 균형을 도모하고 있다.[2)]

이와 같은 규제 기조는 정부 주도의 일방적 통제보다 기업의 자율

---

1) https://www.insidegovernmentcontracts.com/2025/02/january-2025-ai-developments-transitioning-to-the-trump-administration/?__cf_chl_rt_tk=LAV_EwtdOKRtzUQTpElvek2uBF6GY3d9S8cW9cHd6yw-1743489198-1.0.1.1-C6NiF63lPsl3LcNsqy9dVyr7v05QQxT.NB7XjaSIa9Q

2) https://pernot-leplay.com/ai-regulation-china-eu-us-comparison/

성과 책임을 중시하는 민간 주도형 규제 모델로 이어진다. 주요 AI 기업인 오픈AI, 구글, 마이크로소프트 등은 백악관과 협력해 자율 규제안을 마련하고 각 사의 윤리 원칙에 기반한 내부 가이드라인을 수립해 운영하고 있다. 이러한 흐름 속에서 2023년 10월 바이든 행정부는 「안전하고 신뢰할 수 있는 AI 개발과 활용을 위한 행정명령(Executive Order on the Safe, Secure, and Trustworthy Development and Use of Artificial Intelligence)」을 발표하며 AI 규제의 방향성과 원칙을 공식화했다.[3] 이 행정명령은 초거대 언어모델을 포함한 고위험 AI 시스템의 개발 및 운영에 대한 연방 차원의 감독 체계를 본격적으로 구축하겠다는 정책적 의지를 담고 있다.

행정명령에 따라 일정 규모 이상의 AI 모델은 연방 정부 기관의 감독을 받아야 하며 군사·금융·의료 등 핵심 분야에서는 AI의 영향을 사전에 평가하는 절차가 의무화됐다. 국가 안보와 핵심 인프라에 영향을 미칠 수 있는 AI 시스템에 대해서는 위험 분석과 사전 대응 체계 구축이 필수화됐으며 개인정보 보호 관련 법률도 개정되어 데이터 수집의 투명성과 보안 기준이 강화됐다.

AI의 편향성을 완화하기 위한 조치도 포함됐다. 기업은 학습 데이터와 알고리즘 평가 방식을 공개해야 하며 채용·대출 심사·형사 판결 등 법적 판단에 AI가 개입하는 경우에는 반드시 '설명 가능성(explainability)'을 확보해야 한다. 아울러 AI가 의사결정 과정에 개입할 경우 그 결과에 대한 책임 소재를 명확히 규정해야 하며 윤리적 문제 발생에 대비한 내부 감시 및 대응 체계 구축도 의무화됐다.

---

3) https://www.dhs.gov/archive/news/2023/10/30/fact-sheet-biden-harris-administration-executive-order-directs-dhs-lead-responsible

이러한 조치는 미국 내 AI 규제를 구체화하는 중대한 전환점으로 평가된다. 행정명령은 향후 국제 AI 거버넌스 형성의 기초 자료로 작용할 가능성이 있으며 미국은 유럽연합, 영국, 일본 등 주요국과 협력해 글로벌 AI 규제 표준 수립을 위한 외교적 노력을 병행하고 있다.

미국은 AI 규제에 있어 산업별 특성과 위험 수준에 따라 차등화된 규제를 적용하고 있으며 연방 정부 산하 각 기관은 자신의 전문 영역에 맞는 가이드라인을 수립해 개별 규제를 수행하고 있다.

금융 분야에서는 연방거래위원회(FTC)가 대출 심사나 신용 평가와 같은 AI 기반 금융 서비스의 공정성과 편향성을 감시하고 있다.[4] 특히 데이터 품질, 보안, 편향 문제를 중점적으로 다루며 불공정하거나 기만적인 AI 사용에 대해 엄정하게 대응하고 있다.

증권거래위원회(SEC)는 AI 알고리즘이 활용되는 자동화 주식 거래(Algorithmic Trading)에 대한 감독을 강화하고 있다.[5] 특히 고빈도 거래(HFT)나 자동화 트레이딩 모델에 대해서는 서면 정책 및 절차 수립을 요구하고 운영 안정성과 투명성을 확보하도록 감독 체계를 확립했다. 이는 AI 알고리즘이 초래할 수 있는 시장 왜곡과 금융 리스크를 사전에 차단하려는 조치다.

의료 분야에서는 식품의약국(FDA)이 AI를 활용한 의료기기의 안전성과 유효성을 검증하기 위한 규제 체계를 마련했다.[6] 특히 영상 분석과 같은 진단 보조용 AI 시스템에 대해서는 환자 안전을 최우선으로 고려해 지속적인 성능 평가와 사후 감시 체계 구축이 제도화됐다.

---

4) https://www.veriff.com/fraud/guides/ai-regulatory-risks-us-finance-2025

5) https://datamatters.sidley.com/2025/02/10/artificial-intelligence-u-s-securities-and-commodities-guidelines-for-responsible-use/

6) https://softcomply.com/ai-enabled-medical-devices/

국방·보안 분야에서는 국방부(DoD)가 AI 무기 시스템과 자동화 전투 기술에 대한 윤리 기준을 정립하고 있다. 정책의 핵심은 군사적 의사결정에서 인간의 판단 개입을 필수 요건으로 명시하는 것이다. 모든 자율 또는 반자율 무기 시스템은 '인간 개입(Human-in-the-loop)'이 가능하도록 설계돼야 하며 실제 작전 운용 시에도 인간이 의사결정 과정에 실질적으로 참여할 수 있어야 한다.

이처럼 미국은 각 산업의 특성과 리스크에 따라 맞춤형 규제를 적용하고 있으며 전면적인 정부 주도보다는 민간의 자율적 책임 강화를 중심으로 한 규제 모델을 지향하고 있다. 이에 따라 글로벌 AI 기업들도 윤리적 책임 강화를 위한 내부 가이드라인과 정책을 자발적으로 마련하고 있다.

오픈AI는 AI의 안전성과 윤리를 핵심 가치로 설정하고 기술의 잠재적 위험을 줄이기 위한 연구와 실천을 지속하고 있다. 2025년 2월에는 기존 10페이지에 불과했던 모델 명세서를 63페이지로 대폭 확대해 공개했으며 △맞춤화 가능성 △투명성 △지적 자유를 핵심 원칙으로 삼아 윤리 기준을 명확하게 제시했다.[7]

메타는 △개인정보 보호와 보안 △공정성과 포용성 △견고성과 안전성 △투명성과 통제 △책임성과 거버넌스 등 다섯 가지 책임 원칙을 중심으로 윤리적 접근을 실천하고 있다.[8] 특히 다양한 데이터셋을 수집·공개해 AI의 공정성 문제 개선을 시도하고 있으며 이는 차별 해소와 포용성 강화를 위한 모델 훈련에 적극 활용되고 있다.

애플은 개인정보 보호와 사용자 통제권을 AI 개발의 핵심 가치로

7) https://www.aibase.com/news/15317

8) https://ai.meta.com/static-resource/responsible-use-guide/

설정하고 있다.[9] 이러한 접근은 데이터의 윤리적이고 안전한 처리를 가능하게 하며 제품 설계 전반에서 사용자 권리와 프라이버시를 존중하는 방식으로 구현되고 있다. 이는 기술의 투명성과 책임성을 확보하려는 전략적인 개발 철학을 반영한 결과라 할 수 있다.

이처럼 미국의 AI 규제는 시장 중심의 유연한 접근 방식을 기반으로 기업의 자율성과 혁신을 존중하면서도 윤리성과 투명성을 확보하는 데 초점을 맞추고 있다. 이러한 자율 규제 기반 모델은 향후 글로벌 AI 거버넌스 체계 형성에 있어 중요한 이정표로 작용할 가능성이 있다.

생성형 인공지능 위험관리 프로필 [RMF GAI, NIST AI 600-1]

2024년 7월 미국 국립표준기술연구소(NIST)가 발표한 '생성형 인공지능 프로필(RMF GAI, NIST AI 600-1)'은 AI 위험 관리 프레임워크(AI RMF 1.0)의 부속 자료로 생성형 AI와 관련된 12가지 주요 위험 카테고리를 정의하고 이에 대한 대응 지침을 제시하고 있다.[10]

이 프로필은 △기버넌스(Govern) △매핑(Map) △측정(Measure) △관리(Manage)의 네 가지 핵심 기능을 중심으로 구성된다. 먼저 거버넌스는 조직 차원의 정책 수립과 방향 설정을 의미한다. 예를 들어 기업은 윤리 위원회를 설치해 AI 프로젝트의 사회적 영향과 윤리적 기준을 검토해야 한다. 매핑은 시스템 목적, 데이터 활용 방식, 이해관계자, 잠재적 위험을 식별하고 구조화

9) https://www.politico.com/news/2024/07/26/apple-biden-ai-00171502
10) https://nvlpubs.nist.gov/nistpubs/ai/NIST.AI.600-1.pdf

하는 단계로 금융 기관이 알고리즘 구조를 시각화하는 사례가 해당된다. 측정은 성능과 정확도 등을 정량적으로 평가해 위험을 수치화하는 과정이다. 예를 들어 의료분야에서는 진단 정확도를 주기적으로 측정하고 인간 전문가의 판단과 비교하는 방식이 있다. 관리는 확인된 위험 요소들을 실질적으로 완화하고 관련 규정을 이행하는 과정이다. 일례로 자율주행 기업이 시스템 오류를 실시간으로 감지하고 즉각적으로 개입할 수 있는 내부 모니터링 체계를 구축하는 방식을 들 수 있다.

NIST AI 600-1은 생성형 AI가 유발할 수 있는 위험에 실천 가능한 대응 전략을 제시하고 있으며 신뢰성, 안전성, 투명성, 윤리성을 기준으로 구체적 지침을 마련하고 있다. 예를 들어 CBRN(화학·생물·방사능·핵)과 관련된 고위험 정보의 생성을 차단하기 위해 AI 모델의 출력을 실시간으로 모니터링하고 유해한 콘텐츠가 생성되지 않도록 사전 필터링 시스템을 구축하는 것이 권장된다. 또한 환각(hallucination) 정보를 줄이기 위해 AI가 생성한 응답에 신뢰도 점수를 부여하고 그 수치가 일정 기준 이하일 경우 사용자에게 주의를 환기시키는 경고 메시지를 제공하는 방식도 권장된다.

콘텐츠 생성 단계에서는 위험 요청 자동 감지 및 차단 기능이 필수적으로 요구된다. 개인정보 보호를 위해 익명화 기술이 적용돼야 하며 에너지 효율적 학습 기법과 탄소 배출량 측정·보고 체계도 마련돼야 한다.

또한 편향 문제 해소를 위해 다양한 인구 집단이 반영된 데이터셋 활용과 정기적인 편향 감사 절차가 포함돼야 하며 사용자에게는 AI 시스템의 한계와 위험 요소를 명확히 안내하는 교육 체계가 요구된다.

정보의 신뢰성을 확보하기 위해 생성된 콘텐츠에는 워터마크나 출처 정보가 명확히 표기돼야 하며 정보 보안을 위한 암호화 기술과 정기 감사 체계가 병행돼야 한다. 또한 AI 학습 데이터의 저작권 자동 판별 기능, 외설적·혐오적 콘텐츠 차단 기술도 포함돼야 하며 AI 시스템의 공급망 신뢰 확보를 위해 제3자 데이터의 품질 점검과 전체 생태계의 무결성 유지를 위한 지속적인 품질 관리 체계가 요구된다.

이 문서는 생성형 AI 기술을 책임감 있고 안전하게 활용하기 위한 핵심 기준으로 평가된다. 특히 금융, 의료, 도시계획 등 다양한 산업 분야에서 AI 시스템의 신뢰성과 투명성을 강화하는 데 실질적인 역할을 할 수 있으며 국제 AI 거버넌스 논의에서도 기준점으로 작용할 가능성이 있다. 향후 AI 관련 법률 및 규제 준수를 위한 실질적 기준으로 활용될 수 있다는 점에서도 중요성이 크다. 다만 AI 기술이 끊임없이 진화하고 있는 만큼 이 프레임워크 역시 시대적 변화에 발맞춰 지속적인 점검과 보완을 통해 실효성을 유지해야 한다.

유럽연합_ 강력한 법적 규제 도입

유럽연합은 AI 기술이 야기할 수 있는 사회적·윤리적 영향을 관리하기 위해 세계 최초의 포괄적 AI 규제 법안인 '유럽연합 인공지능법'을 도입했다. 이 법은 2024년 5월 유럽이사회의 최종 승인을 거쳐 같은 해 8월 공식 발효됐으며 이를 계기로 유럽 내 AI 규제 체계가 본격적으로 가동되기 시작했다.

법안의 시행은 단계적으로 진행된다. 먼저 2025년 2월부터 '수용 불가 위험군(AI systems with unacceptable risk)'으로 분류된 AI 시스템의 사용이 전면 금지됐으며 시민의 AI 리터러시 강화를 위한 조항도 적용됐다. 이어 2025년 8월부터는 일반목적 AI(GPAI: General Purpose AI) 모델 제공자에 대한 투명성 및 안전성 의무와 벌금 규정*이 시행됐고 2026년 8월부터는 고위험 AI 시스템 전반에 대한 규제가 본격화될 예정

일반목적 AI 모델 제공자에 대한 규제 및 의무

일반목적 AI(General Purpose AI, GPAI) 모델은 다양한 작업을 수행할 수 있는 AI 시스템으로 GPT-4, DALL-E, Google BERT, Midjourney 5.1 등이 이에 해당된다. 유럽연합 인공지능법은 GPAI 모델을 '상당한 범용성을 지니고 다양한 고유 작업을 수행할 수 있으며 여러 하위 시스템이나 응용 프로그램에 통합될 수 있는 AI 시스템'으로 정의하고 있다.

GPAI 제공자는 훈련 및 테스트 과정, 성능 평가 결과 등 기술적 세부 사항을 문서화하고 이를 지속적으로 갱신 · 보관해야 한다. 사용자와 직접 상호작용하는 시스템의 경우 AI임을 명확하게 고지해야하며 적절한 인간 감독 조치와 시장 출시 이후의 모니터링 체계도 갖춰야 한다. 시스템적 위험이 있는 GPAI 모델은 보다 강화된 의무가 적용된다. 모델 제공자는 EU 저작권법을 철저히 준수해야 하고 훈련 데이터에 대한 상세한 요약 정보를 공개해야 하며 AI 시스템과 이를 운용하는 물리적 인프라 전반에 대한 강력한 사이버보안 보호 체계를 구축해야 한다.

이다. 2027년 8월부터는 의료기기, 장난감, 기계류 등 기존 규제 대상 제품에 내장된 고위험 AI 시스템에 대한 세부 규정이 적용된다.

유럽연합 인공지능법의 핵심은 AI 시스템을 위험 수준에 따라 네 가지 범주로 분류하고 각 수준에 상응하는 규제 요건을 차등적으로 적용하는 것이다. 네 가지 범주는 수용 불가 위험(Unacceptable Risk), 고위험(High Risk), 제한적 위험(Limited Risk), 최소 위험(Minimal Risk)으로 구성된다.

가장 높은 위험 수준인 수용 불가 위험군에는 인간의 존엄성과 자유, 평등, 차별 금지, 민주주의, 법치와 같은 유럽연합의 핵심 가치를 심각하게 침해할 가능성이 있는 기술이 포함된다. 이들 시스템의 사용은 전면 금지된다. 대표적인 예로는 실시간 생체인식 감시 시스템, 개인에 대한 사회적 점수화(social scoring), 조작적인 방식으로 인간의 행동에 영향을 미치는 시스템 등이 있다.

고위험군에는 의료, 교육, 고용, 법 집행 등 사회적 파급력이 큰 분야에서 사용되는 AI 기술이 포함된다. 해당 시스템은 시장 출시 전 엄격한 적합성 평가를 통과해야 하며 출시 이후에도 지속적인 모니터링과 보고 의무를 이행해야 한다.

제한적 위험 범주는 주로 챗봇이나 가상 비서처럼 사용자와 직접 상호작용하는 기술이 포함된다. 이들에 대해서는 사용자가 AI와 소통하고 있음을 명확히 인지할 수 있도록 하는 투명성 조치가 요구된다. 반면 최소 위험 수준의 AI 시스템은 스팸 필터, 비디오 게임 내 알고리즘처럼 일상적인 용도의 기술로 별도의 규제 없이 자유로운 개발 및 활용이 가능하다.

유럽연합 인공지능법은 EU 역내에서 AI 시스템을 개발, 제공, 사용하는 모든 기업과 기관에 적용되며 유럽 시민을 대상으로 서비스를 제공하는 비EU 기업에도 동일하게 적용된다. 즉 유럽 시장에 진출하거나 AI 기반 서비스를 제공하고자 하는 글로벌 기업이라면 해당 규제를 반드시 준수해야 한다. 이를 위반할 경우 최대 3,500만 유로 또는 전 세계 연간 매출의 7% 중 더 큰 금액이 벌금으로 부과될 수 있다. 이처럼 강력한 제재 조항은 기업들이 AI 시스템의 설계에서 배포에 이르기까지 법적 책임과 윤리적 기준을 일관되게 고려하도록 유도하는 압력으로 작용한다.

유럽연합 인공지능법은 단순히 규제에만 초점을 맞춘 법은 아니다. 이 법은 AI 기술의 안전성과 기본권 보호를 보장하면서도 기술 혁신과 산업 발전을 병행하려는 유럽연합의 정책적 의지를 담고 있다. 규제와 진흥을 균형 있게 추구함으로써 책임 있는 기술 발전의 생태계를 구축하려는 것이다. 이를 실현하기 위한 전략의 하나로 EU 집행위원회는 2025년 1월 AI 스타트업과 중소기업을 실질적으로 지원하기 위한 'AI 혁신 패키지(AI Innovation Package)'를 발표했다.[11] 이 패키지는 기업들이 EU 기준에 부합하는 신뢰 가능한 AI 시스템을 개발할 수 있도록 유도하며 동시에 유럽 내 AI 생태계 역량을 강화하는 데 초점을 맞추고 있다. 예를 들어 패키지의 핵심 구성 요소 중 하나인 'Generative AI for European Union(Gen AI4EU)'은 생성형 AI의 산업 현장 적용을 촉진하고 스타트업, 산업계, 공공 부문 등 다양한 주체 간의 협업을 강화함으로써 유럽 AI 산업의 경쟁력 제고를 목표로 한다. AI 혁신 패키지는 단순히 생성형 AI에 국한되지 않고 AI 전반에 걸친 기술 개발과 응용을 포괄적으로 지원한다. 특히 유럽연합은 '호라이즌 유럽(Horizon Europe)'과 '디지털 유럽(Digital Europe)'과 같은 전략적 프로그램을 통해 AI 연구와 실용화 프로젝트에 대한 재정적 지원을 아끼지 않고 있다.

그 중에서도 호라이즌 유럽은 EU가 주도하는 대표적인 연구 및 혁신 프레임워크로 AI를 포함한 다양한 기술 분야에 폭넓은 재정 지원을 제공한다.[12] 2021년부터 2027년까지 총 95억 유로의 예산이 배정됐으며 이 자금은 AI 모델 개발, 데이터 분석, 로봇공학 등 핵심 기술은 물론 의료, 농업, 제조업 등 응용 산업 분야에도 투입되고 있다. 무엇보다 이 프로그램은 인간 중심적이고 윤리적인 AI 시스템 구축을 명확한 정책 방향으로 설정하고 있으며 이는 기술 혁신과 사회적 책임을 동시에 추구하는 유럽연합의 정책 철학을 반영한다.

---

11) https://www.innovationnewsnetwork.com/ai-innovation-package-launched-by-european-commission-to-support-startups-and-smes/42308/

12) https://industrialcyber.co/ai/european-commission-makes-e112-million-investment-in-ai-quantum-research-under-horizon-europe-program/

디지털 유럽은 유럽연합의 디지털 전환을 가속화하기 위한 지원 프로그램으로 2021년부터 2027년까지 약 75억 유로 규모의 예산이 책정되어 있다.[13] 이 예산은 AI 연구를 포함해 데이터 공간 구축, 슈퍼컴퓨터 활용, 사이버보안 강화 등 디지털 혁신 전반에 걸친 다양한 분야에 투입된다. 특히 AI 기술의 실제 산업 적용을 확대하기 위해 AI 테스트 및 실험 시설(TEFs), 디지털 혁신 허브(EDIHs)에 대한 인프라 지원이 중점적으로 추진되고 있다. 이는 실험실 단계를 넘어 실제 산업 환경에서 AI의 실효성과 안정성을 검증하고 이를 토대로 유럽 AI 산업의 경쟁력을 끌어올리기 위한 전략적 접근이다.

아울러 인베스트AI 이니셔티브(InvestAI Initiative)는 2천억 유로 규모의 투자 자금을 통해 유럽 내 AI 인프라 확충과 복잡한 AI 모델의 공동 개발을 촉진하고 있다.[14] 이 이니셔티브는 공공과 민간 부문 간의 전략적 파트너십을 강화함으로써 유럽이 AI 기술 경쟁에서 주도권을 확보할 수 있도록 설계됐다. 이 외에도 유럽연합은 'AI 책임 보조금(AI Accountability Grants)'과 '인공지능법 이행 보조금(AI Act Implementation Grant)' 등 다양한 형태의 재정 지원을 통해 AI 기술의 책임성과 공공성을 제고하려는 정책적 노력을 이어가고 있다. 이러한 접근은 단순한 기술 경쟁을 넘어 윤리적 설계와 사회적 가치 실현을 병행하는 유럽연합의 비전을 잘 보여준다.

유럽연합 인공지능법은 단지 역내 법제화에 국한되지 않는다. 이 법은 향후 글로벌 AI 거버넌스 논의에 중대한 영향을 미칠 것으로 예상

13) https://mpo.gov.cz/en/business/digital-economy/the-digital-europe-programme/
14) https://www.eufundingmag.eu/2025/02/18/investai-initiative-mobilising-e200-billion-of-investment-in-artificial-intelligence/

되며 유럽연합이 규제 권한을 넘어 국제적 규범 형성의 주도적 위치를 확보할 수 있음을 의미한다. 이러한 전략적 기조의 일환으로 유럽연합은 'AI 팩트(AI Pact)' 이니셔티브를 출범시켰다.[15] 이 프로그램은 기업들이 법적 의무 이전에 인공지능법의 요구사항을 자발적으로 수용하고 이행하도록 유도하는 협력 플랫폼이다. 2025년 2월 기준으로 오픈AI, 마이크로소프트, 아마존, 구글 등 주요 글로벌 빅테크 기업을 비롯해 유럽 안팎의 다양한 대기업과 중소기업이 참여를 선언했다. 참여 기업들은 AI 거버넌스 전략 수립, 고위험 AI 시스템의 식별 및 평가, AI 인식 제고 및 디지털 리터러시 확산 등의 핵심 조치를 자발적으로 이행함으로써 국제적 기준 형성과 책임 있는 AI 사용에 기여하고 있다.

하지만 모든 평가가 긍정적인 것은 아니다. 일부 전문가들과 업계에서는 이러한 강력한 규제가 기술 혁신을 저해하고 기업의 경쟁력을 위축시킬 수 있다는 우려가 제기되고 있다. 2025년 2월 프랑스 파리에서 열린 AI Action 정상회의에서 글로벌 IT 서비스 기업 캡제미니(Capgemini)의 CEO 아이만 에자트(Aiman Ezzat)는 "유럽연합의 AI 규제가 지나치게 빠르고 강하게 도입되면서 기업의 혁신 역량이 위축될 수 있다"고 공개적으로 지적했다. 또한 메타, 스포티파이(Spotify), 프라다(Prada)를 비롯한 약 50여 개 기업과 학계, 연구자들은 유럽의 기술 규제가 AI의 잠재적 이점을 제한할 수 있다며 보다 일관된 규제 체계와 현대적인 데이터 보호법 해석을 촉구하는 공개 서한에 서명하기도 했다.[16]

이처럼 유럽연합 인공지능법은 국제적 규범 수립을 선도하는 도전

---

15) https://www.ccn.com/news/technology/apple-meta-reject-eu-ai-pact/
16) https://www.5g.hr/en/news/meta-and-other-tech-giants-warn-eu-regulations-could-stifle-ai-innovation/

이자 동시에 기술과 규제 사이의 균형이라는 복합적인 과제를 안고 있다. 이 법이 성공적으로 자리 잡기 위해서는 기술 혁신을 저해하지 않으면서도 사회적 책임을 강화할 수 있는 정교한 조정 능력이 요구된다.

중국_강력한 국가 통제 기반의 수직적 규제

중국의 AI 규제 체계는 강력한 국가 통제를 기반으로 한 수직적 규제 모델이라는 점에서 미국이나 유럽연합 등 서구의 규범 중심 접근과는 분명한 대비를 이룬다. 중국 정부는 AI 기술 개발을 위한 전방위적 국가 지원을 아끼지 않으면서도 동시에 매우 엄격한 규제 체계를 병행하고 있다. 이러한 규제는 단순히 기술적 안전이나 윤리 기준 설정에 그치지 않는다. 그 이면에는 국가 통제력 유지와 데이터 보안 강화라는 전략적 목적이 분명히 자리하고 있다. 중국 내 AI 기업들은 기술 개발과 서비스 운영 과정 전반에 걸쳐 정부의 정책 방향을 철저히 따라야 하며 AI 기술이 적용되는 모든 과정에서 국가 검열과 데이터 보안 의무가 강하게 작동한다. 이에 따라 AI 기술의 사회적 확산 방식 자체가 정부 주도 하에 구조화되고 있으며 이는 기술의 자율성보다 통제 가능성을 우선하는 정책 기조를 반영한다. 그럼에도 중국은 이러한 규제가 기술 혁신을 저해하지 않도록 정교한 조정을 시도하고 있다. 정부는 세계적 수준의 AI 경쟁력 확보를 전략 목표로 설정하고 대규모 국가 예산을 투입해 혁신과 통제 사이의 균형을 도모하고 있다. 이와 같은 모델은 정치적 안정성과 기술적 우위를 동시에 추구하는 중국의 독특한 접근으로 향후 글로벌 AI 거버넌스 논의에서 또 다른 기준점으로 작용할 가능성을 내포하고 있다.

중국의 AI 규제 방식은 몇 가지 핵심적인 특징을 갖는다. 그 중 가장 두드러지는 점은 특정 기술에 대한 수직적 규제를 선호한다는 것이다. 이는 AI의 기술적 유형과 응용 분야의 특성을 고려해 분야별로 구체적인 법적 요구사항을 별도로 설정하는 방식이다. 예를 들어 2023년 7월 시행된 「생성형 인공지능 서비스 관리 잠정방법(生成式人工智能服务管理暂行办法)」은 생성형 AI를 대상으로 한 특화 규제로 AI 기반 콘텐츠의 정치적·사회적 안정성 여부를 국가가 직접 감독할 수 있도록 규정하고 있다.[17] 이는 중국 정부가 AI 기술 발전을 장려하면서도 그 활용에 대해서는 강력한 통제를 유지하겠다는 정책적 기조를 제도적으로 명확히 드러낸 사례다.

중국은 정부 주도의 AI 발전 전략을 바탕으로 AI를 국가 핵심 산업으로 육성하고 있다. 지난 2017년 발표된 「차세대 인공지능 발전 계획(新一代人工智能发展规划)」을 통해 2030년까지 중국을 글로벌 AI 리더로 도약시키겠다는 목표를 제시한 바 있으며 이 계획은 단순한 기술 상용화를 넘어 기술 및 윤리 표준 수립에 있어서도 국제적인 주도권을 확보하려는 전략적 구상을 포함하고 있다.[18]

이러한 정책 기조 아래 중국 내 AI 기업들은 정부의 방향성을 철저히 따르는 방식으로 연구개발을 수행하며 국가 전략과 일치하는 기술 개발이 장려된다. 중국 AI 규제의 핵심 원칙은 기술 발전을 촉진하면서도 국가 안보와 사회 안정을 유지하는 데 있으며 이는 단순한 행정적 규제에 그치지 않고 AI 기술의 사회적 방향성 자체를 설계하는 정치적

17) https://www.pwccn.com/en/tmt/interim-measures-for-generative-ai-services-implemented-aug2023.pdf

18) https://digitalstrategy-ai.com/2024/09/30/chinas-ai-strategy-key-insights-into-2025/

도구로도 작동한다. 실제로 기업들은 정부로부터 혁신적 기술 개발에 대한 적극적인 지원을 받을 수 있지만 이는 정부 정책의 철저한 준수를 전제로 한다. 만약 특정 기술이 사회 안정이나 국가 통제 체계에 위협이 될 경우 해당 기술은 강력한 규제 대상이 된다.

이러한 규제 기조는 중국 특유의 AI 윤리 및 거버넌스 체계로도 확장되고 있다. 2021년 발표된 「신세대/차세대 인공지능 윤리 규범(新一代人工智能伦理规范)」에서는 AI 기술이 반드시 공익과 국가 이익에 부합해야 하고 중국의 사회주의 핵심 가치와 일치해야 한다고 명시하고 있다.[19)]

이어 2024년 9월에는 중국 국가기술표준화위원회(TC260)가 「인공지능 안전 거버넌스 프레임워크(人工智能安全治理框架)」를 발표했다. 이 프레임워크는 AI 기술이 제기하는 윤리 문제, 안전성, 사회적 영향을 포괄적으로 고려한 규제 방안을 제시하고 있으며 중국의 '글로벌 인공지능 거버넌스 이니셔티브'*를 제도적으로 구현하기 위한 구체적 실행 전략의 일환으로 마련됐다.[20)]

이 프레임워크는 AI 기술이 내포한 본질적 위험과 실제 응용 과정에서 발생할 수 있는 실질적 위험을 구분하고 이에 대한 체계적인 대응 전략을 제시한 종합적 규범 체계다. 구성요소는 AI 거버넌스를 위한 핵심 원칙, 위험 분류 체계, 기술적 대응 조치, 포괄적 관리 전략, 이해관계자별 책임 지침으로 이루어져 있으며 특히 안전성과 책임 있는 사용을 제도적으로 보장하는 데 초점을 맞추고 있다.

---

19) https://www.chinajusticeobserver.com/a/china-issues-code-of-ethics-for-new-generation-ai

20) https://www.dlapiper.com/en/insights/publications/2024/09/china-releases-ai-safety-governance-framework

글로벌 인공지능 거버넌스 이니셔티브(全球人工智能治理倡议)

글로벌 인공지능 거버넌스 이니셔티브는 2023년 10월 제3차 일대일로 국제협력 정상포럼 개막식에서 시진핑 주석의 기조연설을 통해 공식 제안된 구상으로 AI 거버넌스에 대한 중국의 입장을 담고 있다.[21] 이 이니셔티브는 AI 기술이 국제 사회에서 조화롭게 발전할 수 있도록 하기 위한 원칙과 방향을 제시하며 인간 중심 접근법, 위험 기반 평가 체계, 국제 협력 확대, 개발도상국 지원 등을 핵심 요소로 포함하고 있다. 이는 중국이 자국의 AI 규제 모델을 글로벌 표준으로 정립하고 AI 분야에서 국제적 영향력을 확대하려는 전략적 의도를 내포한 것으로 해석된다.

거버넌스 원칙에는 포용적이고 신중한 접근을 통해 안전을 확보하고, 민첩한 관리 체계를 바탕으로 위험을 조기에 식별하며, 기술과 관리의 통합을 통해 조율된 대응을 가능하게 하고, 국제 협력과 개방성을 강조하는 내용이 포함돼 있다. 기술적 대응 조치로는 AI 개발 관행 개선, 데이터 품질 향상, 엄격한 평가 절차 적용, 핵·생물·화학 무기 등 민감한 영역에서의 데이터 사용 제한 등이 명시돼 있다.

포괄적 관리 전략에서는 응용 프로그램의 위험 수준에 따른 단계적 관리, 서비스의 추적 가능성 확보, 데이터 보안 및 개인정보 보호 강화, 책임 있는 연구개발 체계 구축, AI 공급망 보안 관리, 설명 가능성·투명성·신뢰성 강화를 위한 연구 등이 강조된다. 또한 보안 취약점과 위험 요소에 대한 체계적인 식별 및 추적도 필수 항목으로 규정하고 있다.

이 프레임워크는 이해관계자별 책임도 명확히 구분하고 있다. AI 개발자는 윤리 기준을 준수하고 데이터 및 훈련 환경의 보안을 강화하며 정기적인 안전 평가를 수행해야 한다. 서비스 제공자는 AI 사용과 관

21) http://us.china-embassy.gov.cn/eng/fyrth/202310/t20231018_11162874.htm

련된 정보를 투명하게 공개하고 사용자로부터 명확한 동의를 받아야 하며 실시간 위험 감시 체계와 사고 보고 시스템을 갖춰야 한다. 주요 산업 및 공공 기관 사용자는 AI 기술의 사회적 영향을 주기적으로 평가하고 위험 감사와 데이터 보호 규정을 철저히 준수해야 한다. 일반 사용자 또한 AI 관련 위험에 대한 인식을 높이고 서비스 약관, 개인정보 보호, 사이버 보안 등에 대한 기본적인 이해를 갖추는 것이 요구된다.

이 프레임워크는 전반적으로 위험 기반 접근 방식을 채택하고 있으며 각 위험 수준에 따라 차등화된 완화 조치를 적용하도록 규정하고 있다. AI 시스템이 안전 기준을 충족하고 예기치 못한 위험을 유발하지 않도록 지속적인 평가의 필요성도 강조된다.

인공지능 안전 거버넌스 프레임워크는 단순히 기술 발전을 촉진하는 데 그치지 않는다. 중국은 AI가 사회적·정치적 리스크를 유발하지 않고 국가 안보와 사회 안정성을 해치지 않는 범위 내에서 안전하게 활용되도록 유도하는 방향으로 거버넌스를 설계하고 있다.

이러한 규제 기조는 데이터 보안 및 사이버 보안과 관련된 법률 체계와도 긴밀히 연계돼 있다. 대표적으로 2021년 9월부터 시행된 「중화인민공화국 데이터 보안법(中华人民共和国数据安全法)」은 AI 기술의 데이터 수집과 활용 전반에 걸쳐 명확한 법적 기준을 제시하고 있으며 AI 시스템이 다루는 방대한 양의 데이터를 안전하게 관리할 수 있도록 법적 기반을 제공하고 있다.[22]

이와 함께 2024년 3월 발표된 「GB/T 43697-2024(데이터 보안 기술 - 데이터 분류 및 등급 지정 규칙)」는 데이터 보안법의 원칙을 실제 산

22) https://www.china-briefing.com/news/a-close-reading-of-chinas-data-security-law-in-effect-sept-1-2021/

업 환경에서 구현하기 위한 구체적인 기술 지침을 제공한다.[23] 이 두 규범은 AI 기술의 데이터 활용이 사회에 미치는 영향을 통제하면서 동시에 국가 안보를 보호하는 역할을 수행하며 중국 내외에서 이루어지는 모든 데이터 처리 활동에 일관되게 적용된다.

해당 표준에 따르면 데이터는 △핵심 데이터(Core Data) △중요 데이터(Important Data) △일반 데이터(General Data)로 분류된다. 이 중 핵심 데이터는 국가 안보, 경제 운영, 사회 안정과 직결되는 고도로 민감한 정보로 가장 강력한 보호 조치가 적용된다. 중요 데이터는 특정 산업이나 공공 안전에 영향을 미칠 수 있는 정보로 이를 해외로 이전하려면 반드시 정부의 안전 평가를 통과해야 한다. 반면 일반 데이터는 상대적으로 민감도가 낮은 정보로 규제 강도가 완화된 상태에서 비교적 자유롭게 활용할 수 있다.

이번 표준은 △과학적 실용성 △명확한 경계 설정 △최고 기준의 적용 △포괄적 접근 △동적 업데이트 등 데이터 분류의 원칙을 제시하고 있다. 이는 산업별로 데이터를 분류한 뒤 각 비즈니스 속성에 따라 세부 체계를 적용하는 방식으로 운영된다. 특히 중요 데이터를 해외로 이전하는 경우 이를 위반하면 최대 1천만 위안의 벌금이 부과될 수 있다.

모든 데이터 처리자는 보안 책임을 철저히 이행하고 데이터 활용 과정에서 발생할 수 있는 리스크를 지속적으로 모니터링해야 한다. 만약 데이터 유출, 훼손, 분실 등의 사고가 발생할 경우 즉시 사용자에게 이를 통지하고 관련 기관에 보고해야 하며 국가 안보 위협이 감지될 경우 정부는 해당 기업의 데이터에 직접 접근하거나 통제할 수 있는 권한

23) https://www.china-briefing.com/news/china-data-classification-standards-important-data/

을 갖는다. 또한 해외 사법·법 집행기관이 중국 내 데이터를 요청할 경우 반드시 중국 정부의 사전 승인을 받아야 한다.

중국의 데이터 보안법은 사이버 보안법, 개인정보보호법과 함께 중국 데이터 법체계의 핵심 축을 형성하고 있으며 특히 개인정보보호법과의 연계를 통해 보다 정교한 통제 체계를 구축하고 있다. 이러한 법률은 AI 기술이 국가 이익을 해치지 않는 방식으로 활용되도록 유도함과 동시에 AI 산업에 대한 정부의 통제 수단으로도 작용하고 있다.

정부는 이 법을 통해 자국 내 빅테크 기업에 대한 규제력을 강화하는 한편 데이터 보호라는 명분 아래 AI 기술의 해외 유출을 억제하고 있다. 이는 AI 기술과 데이터를 국가 전략 자원으로 간주하는 중국의 시각을 반영하며 기술 발전과 국가 안보를 동시에 추구하려는 규제 철학을 상징적으로 보여준다.

한편 중앙 정부가 강력한 통제 기조를 유지하는 것과 달리 지방 정부는 보다 유연하고 혁신 지향적인 정책을 펼치고 있다. 특히 베이징, 선전, 상하이 등 주요 거점 도시들은 규제 샌드박스를 도입해 AI 기업들이 새로운 기술을 실험하고 상용화할 수 있도록 적극 지원하고 있다. 이는 중앙 정부의 규제와 지방 정부의 산업 육성 정책이 병렬적으로 작동하는 구조로 지역 차원의 경제 발전과 혁신 생태계 조성을 동시에 도모하는 전략으로 해석된다.

예를 들어 「상하이시 인공지능 산업 발전 촉진 조례(上海市促进人工智能产业发展条例)」는 AI 기업이 기술 개발 과정에서 경미한 규제 위반을 범한 경우 행정 처벌을 면제하도록 규정함으로써 위험을 감수하는 혁신 활동을 장려하고 있다.[24] 또한 지역 AI 윤리위원회 설립, 공공 컴퓨팅

24) https://www.holisticai.com/blog/china-ai-regulation

자원 플랫폼 구축 등의 정책도 병행 추진해 기업의 연구개발 역량을 실질적으로 지원하고 있다.

중국은 국제 협력 확대와 국제적 영향력 확대에도 적극적으로 나서고 있다. 특히 '글로벌 인공지능 거버넌스 이니셔티브'를 중심으로 기술과 정책 양 측면에서 국제적 주도권을 확보하려 하고 있다.[25)]

이처럼 중국의 AI 규제 모델은 기술 혁신을 장려하면서도 국가 안보와 사회 안정이라는 최우선 가치를 유지하려는 독특한 구조를 갖고 있다. 이는 미국이나 유럽연합의 규제 모델과 뚜렷한 대비를 이룬다. 향후 중국은 AI 기술의 고도화에 따라 더욱 정교하고 체계적인 규제 체계를 구축할 것으로 예상되며 이에 따라 정부의 정책 방향도 기술 발전 속도와 국제 정세에 맞춰 유동적으로 조정될 가능성이 크다.

주요국의 AI 규제 현황 : 일본, 캐나다, 영국, 호주, 싱가포르, 브라질, 인도

AI 규제는 미국, 유럽연합, 중국뿐만 아니라 다른 주요 국가들에서도 활발히 논의되고 있다. 일본은 이른바 '가벼운 접근(ライトタッチ)'을 선호하며 AI 혁신을 장려하기 위해 상대적으로 유연한 규제 방식을 채택하고 있다. 특히 저작권이 있는 자료도 AI 모델 학습에 활용할 수 있도록 허용하는 입장을 공식화하고 있다.[26)]

2025년 2월 일본 정부는 AI 정책 연구그룹의 중간보고서를 통해

25) https://english.news.cn/20240702/5ccf6bb8060a4979a18cd5ddeb9c2a5c/c.html

26) https://www.insideprivacy.com/international/japans-plans-to-adopt-ai-friendly-legislation/

기존의 규제 강화 기조에서 벗어나 보다 유연한 정책 방향으로의 전환을 발표했다. 이에 따라 AI가 원작을 직접 재현하지 않는 경우에 한해 저작권 콘텐츠의 학습을 허용하고 AI 출력물이 창작자에게 실질적인 피해를 줄 경우에만 저작권 보호를 적용하는 새로운 기준이 마련됐다.[27]

캐나다는 2025년 3월 연방 공공부문을 위한 최초의 AI 전략인 「AI Strategy for the Federal Public Service 2025－2027」을 발표했다.[28] 이 전략은 △AI 전문성 센터 설립 △보안 및 책임 있는 AI 사용 보장 △인재 양성 경로 마련 △투명성과 신뢰 구축을 핵심 목표로 설정하고 있으며 2년 주기로 전략을 갱신할 계획이다.

영국은 같은 해 1월 「AI 기회 행동 계획(AI Opportunities Action Plan)」을 발표하고 규제 기관의 AI 역량 강화를 위한 자금 지원, AI 제품에 대한 규제 샌드박스 도입, AI 관련 연간 보고서 발행 의무화 등의 구체적인 정책을 제시했다.[29] 또한 과학혁신기술부(DSIT)는 AI 시스템의 생애주기 전반에 걸친 사이버 보안 요구사항을 담은 「AI 사이버 보안 실천 강령(AI Cyber Security Code of Practice)」을 발표하며 안전한 기술 환경 조성을 위한 기준 마련에도 나섰다.

호주는 점진적이고 신중한 규제 접근을 채택하고 있다. 2024년 9월 호주 정부는 고위험 AI에 대한 10가지 의무적 가드레일(mandatory guardrails)을 제시하며 AI의 잠재적 위험을 사전에 식별하고 피해를 예방하는 정책 방향을 강조하고 있다.[30]

---

27) https://www.theaioptimist.com/p/free－for－all－japan－lets－ai－feed－ai

28) https://dataforpolicy.org/canadas－new－ai－strategy－and－emerging－trends－in－asias－ai－landscape/

29) https://www.cliffordchance.com/insights/resources/blogs/talking－tech/en/articles/2025/01/unpacking－the－uk－ai－action－plan.html

싱가포르는 AI 안전과 혁신을 동시에 고려하는 균형 잡힌 정책 기조를 유지하고 있다. 싱가포르 정부는 2025년 2월에 AI 거버넌스, 혁신, 안전 표준을 종합적으로 강화하기 위한 AI 안전 이니셔티브를 발표했다.[31] 이 프로그램은 △생성형 AI의 기술적 검증을 위한 '글로벌 AI 보증 파일럿(Global AI Assurance Pilot)' △비영어권 환경에서 LLM 안전성을 평가한 '공동 테스트 보고서' △아시아·태평양 지역의 언어 및 문화적 맥락을 고려한 '싱가포르 평가 보고서' 등으로 구성돼 있다.

브라질은 2024년 12월 상원에서 AI 법을 통과시킨 데 이어 2025년 2월 기준으로 하원 심의를 진행 중이다.[32] 해당 법안은 유럽연합 인공지능법과 유사한 위험 기반 접근법을 채택하고 있으며 AI 시스템을 △과도한 위험(금지) △고위험(엄격한 규제) △일반 시스템(기본 요건)으로 분류하고 알고리즘 영향 평가를 의무화하고 있다. 법을 위반할 경우 최대 5천만 헤알 또는 브라질 내 연간 수익의 2%가 벌금으로 부과될 수 있으며 법은 공표 1년 후부터 시행될 예정이다.

인도는 2025년 1월 『AI 거버넌스 가이드라인 개발 보고서』를 발표하고 AI 안전 연구소 설립과 규제 역량 강화를 위한 정책 수립에 착수했다.[33] 인도 정부는 자발적 준수와 강제적 규제를 혼합한 유연한 접근 방식을 제안하면서도 필요에 따라 보다 강력한 규제 조치 도입의 가능

---

30) https://techcouncil.com.au/newsroom/tech-council-welcomes-important-steps-to-progress-safe-and-responsible-ai-in-australia/

31) https://www.imda.gov.sg/resources/press-releases-factsheets-and-speeches/press-releases/2025/singapore-ai-safety-initiatives-global-ai-summit-france

32) https://gdprlocal.com/brazils-ai-act-a-new-era-of-ai-regulation/

33) https://anagrampartners.in/wp-content/uploads/2025/01/20250122-AI-Governance-Guidelines-final.pdf

성도 열어두고 있다.

이처럼 각국은 AI 기술이 가져올 기회와 위험을 조율하기 위해 저마다의 규제 전략을 채택하고 있다. 미국은 산업별 맞춤형 규제를 통해 민간 중심의 혁신을 장려하는 반면, 유럽연합은 강력한 법제화를 통해 AI의 신뢰성과 안전성 확보를 최우선 과제로 삼고 있다. 중국은 중앙정부 주도의 수직적 통제 모델을 통해 AI 기술을 전략적으로 관리하고 있으며 일본은 보다 유연한 규제 체계를 기반으로 기술 개발을 촉진하는 방향을 취하고 있다. 캐나다, 영국, 호주, 싱가포르 등도 자국의 산업 및 정책 환경에 부합하는 규제 방식을 채택하면서 '신뢰성', '투명성', '책임성'이라는 세 가지 공통 원칙을 규제의 핵심 기준으로 삼고 있다.

오늘날 AI 규제는 단순히 기술의 남용을 억제하기 위한 장치에 그치지 않는다. 오히려 지속 가능한 기술 발전과 사회적 신뢰 형성을 위한 핵심 기반으로 자리 잡고 있다. 이에 각국의 규제 차이를 면밀히 분석하고 변화하는 규제 환경에 유연하게 대응하는 전략을 수립하는 일은 글로벌 AI 시장에서 지속 가능한 경쟁력을 확보하기 위한 필수적인 과제로 부상하고 있다.

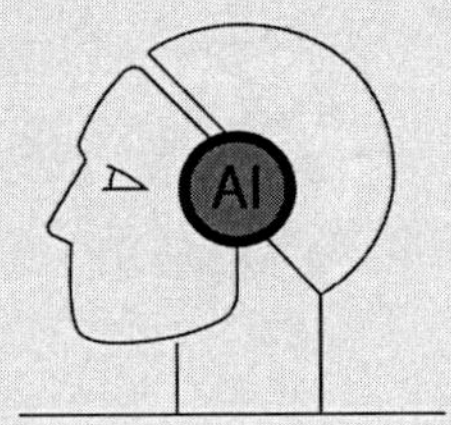

CHAPTER

04

한국의 AI 정책 및 규제

AI가 국가 경쟁력과 직결되는 핵심 산업으로 부상함에 따라 한국 역시 기술 발전을 적극적으로 지원하고 체계적으로 관리하기 위한 종합적인 정책 추진에 본격 착수했다. 한국의 AI 정책과 규제는 기술 혁신의 동력을 유지하면서도 사회적 안전성과 기업의 윤리적 책임을 균형 있게 조율하는 방향을 지향한다.

2024년 12월 한국 국회는 「인공지능 발전 및 신뢰 기반 조성을 위한 기본법(AI 기본법)」을 통과시켰으며 2026년 1월부터 해당 법률을 시행할 예정이다.[1] 이 법은 유럽연합 인공지능법에 이어 세계에서 두 번째로 마련된 포괄적 AI 규제 프레임워크로 한국이 AI 기술의 윤리적·사회적 문제에 체계적으로 대응하고 동시에 글로벌 AI 산업 리더로 도약하려는 의지를 보여주는 중요한 이정표로 평가된다.

한국은 AI 정책에 대한 국가적 방향도 새롭게 정립 중이다. 2025년 정부는 AI를 차세대 국가 전략산업의 중심축으로 선언하고 강도 높은 정책 실행에 착수했다. 일례로 'AI 3대 강국 도약'을 위한 조직 개편안을 발표하고 대통령 직속 기구인 「AI 미래기획수석실」을 신설했다. 이 기구는 AI 산업 육성, 첨단기술 전략, 인구 및 기후 위기 대응을 포괄하는 국가 성장 전략의 컨트롤타워 역할을 수행한다. 정부는 'AI 생태계 조성'

1) https://www.msit.go.kr/eng/bbs/view.do?sCode=eng&mId=4&mPid=2&pageIndex=&bbsSeqNo=42&nttSeqNo=1071&searchOpt=ALL&searchTxt=

을 위한 총 100조 원 규모의 대규모 투자계획도 발표했다. 최신 GPU 기반 AI 데이터센터를 '차세대 국가 SOC(사회간접자본)'으로 간주하고 이를 중심으로 전국 단위 혁신 거점을 육성하겠다는 전략이다.

이보다 앞서 2024년 9월 한국 정부는 「국가 AI 혁신 전략」을 발표하며 미국, 중국과 함께 'AI G3 국가'로 글로벌 AI 산업을 선도하겠다는 비전을 공식화했다.[2] 이를 실현하기 위해 정부는 △4대 국가 AI 플래그십 프로젝트 추진 △8대 주요 산업 맞춤형 AI 도입 전략 수립 △18개 공공 분야 AI 활용 확대 등 다양한 정책 과제를 시행중이다. 특히 제조업, 금융, 의료, 교육, 물류 등 주요 산업군에 AI를 전략적으로 접목하고 각 산업별 특화 전략을 마련하는 방식으로 기술과 산업의 통합 발전을 국가 차원에서 진전시키고 있다.

아울러 2023년 6월에는 국내 최초의 「국가 AI 윤리 체크리스트」가 제정됐다. 이는 AI 기술의 윤리 및 거버넌스 체계를 제도적으로 강화하려는 정책적 노력의 일환이다. 이와 함께 공공-민간 협력 기반의 AI 거버넌스 위원회를 설립하고 AI의 안전성과 책임성 확보를 위한 제도 정비도 병행 추진되고 있다.

한국의 AI 정책은 단순히 규제를 강화하는 데 그치지 않는다. 오히려 AI 기술을 국가 경제 성장의 핵심 동력으로 삼는 데 중심을 둔다. 정부는 2030년까지 20만 명의 AI 전문 인력을 양성하고 10개의 AI 유니콘 기업을 육성하겠다는 목표를 세우고 다양한 지원 정책을 추진 중이다. 동시에 AI 기술의 윤리성과 책임성을 확보하는 정책 축을 확립하고 글로벌 AI 거버넌스 논의에서도 한국이 주도적인 역할을 할 수 있도록 단

---

2) https://www.msit.go.kr/eng/bbs/view.do?sCode=eng&mId=4&bbsSeqNo=42&nttSeqNo=1037

계별 목표를 설정해 점진적이고 체계적인 정책 추진을 이어가고 있다.

AI 기본법_한국 AI 규제의 핵심 프레임워크

「인공지능 발전 및 신뢰 기반 조성을 위한 기본법(AI 기본법)」은 한국이 AI 기술을 윤리적이고 책임감 있게 발전시키기 위한 법적 기반을 마련한 첫 포괄적 입법이다. 이 법은 AI 기술의 건전한 발전과 신뢰 기반 조성을 통해 국민의 권익과 존엄성 보호, 삶의 질 향상, 국가 경쟁력 강화를 주요 목표로 설정하고 있다.3)

AI 기본법은 AI를 '학습, 추론, 지각, 판단, 언어 이해 등 인간의 지적 능력을 전자적 방식으로 구현한 기술'로 정의하며 특히 사람의 생명과 안전, 기본권에 중대한 영향을 미칠 수 있는 시스템을 '고영향 AI'로 구분해 보다 엄격한 규제와 감독 조치를 적용하도록 규정한다. 또한 이 법은 AI 기술이 야기할 수 있는 위험 요소를 사전에 식별하고 관리할 수 있도록 여러 법적 의무를 부과하며 국내 기업뿐만 아니라 한국 시장 또는 사용자에게 영향을 미치는 해외 AI 기업도 규제의 적용 대상에 포함시킨다.

지난 2024년 12월 26일 국회를 통과한 이 법은 2026년 1월 시행될 예정이며 시행 전까지 기업과 공공기관이 법적 요건에 적응할 수 있도록 1년간의 준비 기간을 두고 유예 조치를 마련했다. 이 법은 유럽연합 인공지능법에 이어 세계에서 두 번째로 포괄적인 AI 규제 프레임워크로 평가되며 AI 기술이 신뢰성과 안전성을 기반으로 지속적인 혁신을 이어

3) https://www.law.go.kr/법령/인공지능 발전과 신뢰 기반 조성 등에 관한 기본법/(20676,20250121)

가는 데 법적 토대를 제공하는 역할을 한다.

AI 기본법의 핵심 역할 중 하나는 국가 차원의 AI 추진 체계를 제도적으로 구축하는 것이다. 이를 위해 대통령 직속의 「국가인공지능위원회」를 신설해 AI 정책의 방향성과 전략을 총괄하도록 하고 과학기술정보통신부에는 3년 주기로 「AI 기본계획」을 수립하는 법적 의무를 부여했다. 또 AI 연구와 안전 관리를 전문적으로 수행할 「인공지능정책센터」와 「인공지능안전연구소」의 설립도 법적으로 명시함으로써 정책 수립과 안전 관리 및 기술 개발이 유기적으로 연계되는 체계를 마련했다.

AI 산업 육성과 기술 개발 지원 역시 이 법의 중요한 축으로 포함된다. 법안에는 AI 기술 개발 활성화, 기술 표준화 지원, AI 전문 인력 양성 및 해외 인재 유치, AI 연구개발 집적단지 지정, AI 데이터 센터 구축 지원 등 산업 생태계 전반의 성장을 뒷받침할 수 있는 구체적 수단이 담겨 있다.

무엇보다 AI의 윤리성과 투명성 확보는 AI 기본법이 지향하는 핵심 가치다. 정부는 법에 따라 국가 차원의 AI 윤리 원칙을 제정·공표해야 하며 고영향 AI 및 생성형 AI에 대해서는 콘텐츠 공개 및 라벨링 의무화, 의사결정 과정의 투명성과 예측 가능성 확보, 사전 위험 평가 및 안전성 확보 조치 이행 등의 법적 규정을 명확히 규정한다.

또한 AI 기본법은 기업이 AI 시스템의 생애주기 전반에 걸쳐 위험을 식별하고 이를 완화하기 위한 조치를 마련하도록 요구한다. AI 안전사고 발생 시 즉각 대응이 가능하도록 모니터링 및 사고 대응 체계 구축이 필수적이며 이는 실질적이고 지속 가능한 위험 관리 체계를 정립하는 데 목적이 있다. 국내 기업은 물론 해외 AI 기업도 국내 사용자에게 영향을 미치는 경우 반드시 국내 대리인을 지정해야 하고 과학기술정보통신부에 평가 결과와 안전 관리 현황을 정기적으로 제출해야 한다.

앞서 말했듯이 AI 기본법은 기술 혁신과 윤리적 책임 간 균형을 지향한다. 특히 정부는 공공-민간 협력을 통한 AI 거버넌스 체계 구축을 지향하며 과학기술정보통신부 장관에게 AI 기업에 대한 조사 및 시정명령 권한을 부여하고 위반 시 최대 3천만 원의 과태료를 부과할 수 있도록 규정했다. 이는 과도한 규제로 인한 혁신 저해를 방지하는 한편 기업이 사회적 책임과 법적 의무를 성실히 이행하도록 유도하는 장치로 기능한다.

실제로 AI 기본법은 글로벌 수준에서도 선제적 입법 사례로 긍정적인 평가를 받고 있다. 그러나 AI 기본법이 그 실효성을 담보하기 위해서는 다음과 같은 핵심 과제에 대한 후속 입법과 제도적 보완이 병행돼야 한다.

첫째, 고영향 AI에 대한 보다 정교한 규제 체계 구축이 필요하다. 현재 AI 기본법은 기술 촉진에 중점을 두고 있어 생명과 안전, 기본권에 중대한 영향을 미칠 수 있는 고영향 AI 시스템에 대한 관리 방안이 상대적으로 미흡하다. 특히 의료, 금융, 공공 안전과 같은 고위험 분야에서 AI의 오류가 발생할 경우 그 사회적 파장은 매우 심각할 수밖에 없다. 현행 법안은 AI 사업자에게 사전 검토, 안전성 확보, 위험 관리 방안 수립 등 일정한 책무를 부과하고 있으나 위험 평가 체계, 사전 승인 절차, AI 운영에 대한 독립적 감시 시스템 등 구체적인 규제 메커니즘은 법령상으로 명확히 규정되어 있지 않다. 이에 비해 유럽연합 인공지능법은 고위험 AI 시스템에 대해 사전 적합성 평가, 인증, 독립 감사 등의 엄격한 절차를 의무화하고 있다. 따라서 한국도 사전 승인 절차와 위험 모니터링 체계 도입, 감시·감독기관의 권한과 책무 강화 등 고영향 AI

에 특화된 규제 기준을 마련할 필요가 있다.

둘째, 저작권 및 데이터 프라이버시 보호 규정도 여전히 미비하다. AI가 대규모 데이터를 활용하면서 저작권 침해와 개인정보 유출 위험이 증가하고 있음에도 불구하고 현행 AI 기본법은 이에 대한 실질적인 대응 체계를 갖추지 못하고 있다. 특히 생성형 AI가 원작자의 의도와 달리 콘텐츠를 변형하거나 재활용하는 경우 저작권 침해 여부 판단이 어렵고 피해자 구제를 위한 제도적 장치 역시 부재한 실정이다. 또한 AI가 수집·활용하는 개인정보의 범위, 처리 방식, 보관 · 파기 기준에 대한 규정도 명확하지 않아 정보 유출, 데이터 오남용, 알고리즘 편향 등의 문제에 대한 대응력이 떨어진다는 비판도 제기된다. 현행 법은 AI 생성 콘텐츠에 '인공지능이 생성한 결과물'이라는 표시를 의무화하는 워터마크 부착 조항을 두고 있으나 이는 저작권 보호나 개인정보 보호를 위한 근본적 해결책이라기보다는 단편적인 조치에 그친다. 따라서 앞으로는 AI 학습용 데이터에 대한 저작권 보호 기준을 명확히 설정하고 생성형 AI의 결과물에 대한 권리 귀속 기준, 피해 구제 절차 등을 제도화할 필요가 있다. 더불어 개인정보 보호 측면에서도 AI가 처리하는 정보의 범위와 활용 조건, 보안 기준을 법률 또는 시행령 차원에서 구체화함으로써 저작권과 프라이버시 보호를 위한 정교한 법체계를 구축해야 할 것이다.

셋째, 법 적용의 불확실성 역시 해결이 필요한 과제로 지목된다. 현재 AI 기본법은 고영향 AI의 정의, 안전 조치, 규제 기준 등 핵심 내용을 법률에 구체적으로 명시하지 않고 대부분을 대통령령이나 과학기술정보통신부 고시와 같은 하위 법령에 위임하고 있다. 이러한 구조는 변화하는 기술 환경에 유연하게 대응할 수 있다는 장점이 있지만 실제 기업이나 연구기관 입장에서는 법적 해석의 혼선과 실무적 불확실성을 초래할 수밖에 없다.

예컨대 어떤 기술이 고영향 AI에 해당하는지, 해당 시스템에 어떤 안전 조치를 적용해야 하는지, AI 학습에 사용할 수 있는 데이터의 합법성 기준은 무엇인지 등이 명확히 정의되지 않으면 기업과 개발자, 공공기관 등은 법적 리스크를 감안한 예측 가능한 대응 전략을 수립하기 어렵다. 이는 기술 혁신을 저해할 뿐 아니라 법의 신뢰성과 실효성을 저하시키며 국제 규제 기준과의 정합성 확보에도 부정적인 영향을 미친다. 따라서 AI 기본법이 실제 현장에서 안정적으로 적용되기 위해서는 고영향 AI의 판별 기준, 분야별 안전 조치, 데이터 활용의 합법성 기준 등을 법률 또는 시행령 차원에서 명확히 규정해야 한다.

넷째, 글로벌 규제와의 정합성을 확보하기 위한 정교한 법적 기준 마련이 요구된다. 한국의 AI 기업들이 글로벌 시장에서 경쟁력을 유지하려면 미국과 유럽연합 등 주요국의 상이한 규제 접근 방식을 충분히 반영한 전략적 대응이 필수적이다.

특히 주요국이 서로 다른 규제 모델을 채택하고 있는 현 상황에서는 국제 규제 흐름과의 정합성을 확보하면서도 국내 기업의 기술 개발과 해외 시장 진출을 저해하지 않는 방향으로 법제도가 설계돼야 한다. 이를 위해서는 글로벌 규제 기준을 보다 면밀히 분석하고 국내 제도와의 접점을 정교하게 조율할 수 있는 법적 기준과 정책적 대응 전략을 마련할 필요가 있다. AI 기술의 국제적 통용성과 산업의 글로벌 확장을 고려할 때 국가간 규제의 조화는 필수적인 과제가 되고 있다.

다섯째, AI 산업의 지속 가능한 성장을 위한 재정적 기반이 아직 충분하지 않다. 현행 AI 기본법은 AI 데이터센터 구축, 연구개발 지원, 인재 양성 등 다양한 분야에 대한 행정적·재정적 지원의 방향은 제시하고 있으나 이를 뒷받침할 구체적인 재정 확보 방안이나 실행 체계는 법률에 명시돼 있지 않다. 반면 미국, 유럽연합, 중국, 일본 등 주요국은 이미 대규모 공공 투자를 통해 AI 기술 경쟁력 강화를 위한 전략적 지원을 본격화하고 있다. 한국 역시 글로벌 기술 경쟁에서 뒤처지지 않기 위해 실효성 있는 재정 지원 계획을 수립하고 민관 협력을 체계적으로 추진할 수 있는 법적·제도적 기반을 더욱 강화해야 한다. 특히 안정적이고 지속적인 예산 확보 메커니즘 마련과 함께 성과 중심의 투자를 통해 공공 자금의 효율성을 극대화할 수 있는 전략적 접근이 필요하다.

여섯째, AI에 특화된 규제 샌드박스의 확대와 체계적 제도화가 요구된다. AI는 발전 속도가 빠르고 예측이 어려운 특성이 있어 모든 가능성을 사전에 규제하기보다는 일정한 범위 내에서 실험과 검증을 허용하는 유연한 규제 환경이 필수적이다. 현재 한국은 ICT 규제 샌드박스를 통해 AI를 포함한 신기술에 실증 기회를 제공하고 있으나 AI 기본법에서는 이러한 실험적 접근을 보다 명시적으로 확대할 필요가 있다. 실제로 미국처럼 기업 자율성을 중시하는 국가뿐 아니라 강력한 규제 프레임워크를 채택한 유럽연합조차도 AI 규제 샌드박스를 운영하고 있다. 이는 기술 개발과 법적 리스크 완화를 동시에 추진하기 위한 정책적 수단으로 평가된다. 이에 따라 한국도 AI 기본법 내에 AI 전용 규제 샌드박스를 제도적으로 명문화하고 기존 ICT 규제 샌드박스를 AI 분야로 적극 확장함으로써 신기술 실험과 평가를 제도적으로 보장할 수 있는 기반을 마련해야 한다.

결론적으로, AI 기본법은 한국이 신뢰 기반의 인공지능 생태계를 조성하고 AI 산업을 국가 전략산업으로 육성하기 위한 제도적 기틀을 마련했다는 점에서 큰 의의를 지닌다. 그러나 실질적 정책 효과를 거두기 위해서는 여전히 다수의 제도적 보완이 필요하다. 특히 고영향 AI에 대한 정교한 규제 체계 마련, 저작권과 데이터 프라이버시 보호 강화, 법 적용의 예측 가능성 확보, 글로벌 규제와의 정합성 유지, 재정적 기반 확충, 규제 샌드박스 확대 등은 법의 실효성과 산업 발전을 동시에 뒷받침할 핵심 과제로 남아 있다.

AI 기술이 향후 국가 경쟁력의 핵심 동력으로 자리잡는 상황에서 한국은 AI 기본법의 하위 법령을 체계적으로 정비하고 국내외 기술·정책 환경의 변화를 민감하게 반영해 나가야 한다. 아울러 주요국과의 정책 조율을 통해 국제 규제 흐름과의 정합성을 확보하고 산업계·학계·시민사회와의 협력을 통해 지속 가능한 AI 거버넌스 체계를 정립해야 할 것이다.

한국의 글로벌 AI G3 도약을 위한 정책 비전

한국 정부는 2024년 9월 '국가 AI 혁신 전략'을 발표하며 AI를 국가 경쟁력의 핵심 요소로 규정하고 이를 선제적으로 활용하기 위한 본격적인 정책 추진에 나섰다.[4] 이 전략은 AI를 통해 경제 성장을 촉진하고 공공 서비스의 효율성을 제고하는 동시에 글로벌 AI 생태계에서 한국이 주도적인 역할을 수행하는 것을 핵심 목표로 삼고 있다. 또한 AI 기술을 활용해 사회 구조적 문제를 해결하고 산업 및 연구 분야의 혁신을 촉진함으로써 AI 강국으로 도약하기 위한 체계적인 정책과 지원책 마련에 중점을 두고 있다.

---

4) https://www.msit.go.kr/bbs/view.do?sCode=user&mId=113&mPid=238&bbsSeqNo=94&nttSeqNo=3184952

한국 정부는 'AI G3 도약을 통한 글로벌 AI 허브 구축'이라는 비전 아래 오는 2030년까지 산업 분야 AI 도입률 70%, 공공 분야 AI 도입률 95% 달성을 목표로 제시했다. 이는 AI 기술을 국가 경제 성장의 핵심 동력으로 삼고 산업 전반의 혁신을 유도하며 국민 삶의 질을 제고하겠다는 강력한 정책 의지를 반영한 것이다.

국가 AI 혁신 전략은 △국가 AI 컴퓨팅 인프라 확장 △민간 투자 촉진 △전국 AI 전환 가속화 △AI 안전 및 보안 강화 등을 핵심 과제로 제시하고 있다. 특히 컴퓨팅 인프라 측면에서는 2027년까지 고성능 GPU 3만 장을 확보해 현재 대비 15배 수준으로 연산 자원을 확대하고 1엑사플롭스(Exaflop, EF)* 이상의 연산 능력을 달성해 국내 AI 반도체의 상용화를 지원할 계획이다. 이를 뒷받침하기 위해 공공과 민간이 공

엑사플롭스(Exaflops)

엑사플롭스(Exaflops)는 컴퓨터 성능을 나타내는 단위로, 1초에 10의 18제곱(1,000경)번의 부동소수점 연산(FLOPS)을 처리할 수 있는 능력을 의미한다. 이는 현재 전 세계에서 가장 빠른 슈퍼컴퓨터들이 도달한 수준의 성능으로 방대한 데이터 처리와 고차원 연산이 요구되는 분야에서 핵심적인 역할을 한다. 엑사플롭스급 컴퓨팅은 AI 연구는 물론 과학 시뮬레이션, 기후 모델링, 신약 개발, 개인 맞춤형 의료와 같은 분야에서 실질적인 기술 도약을 가능케 하는 기준점이자 엑사스케일(Exascale) 컴퓨팅 시대의 상징으로 여겨진다. 특히 AI 모델의 고속 훈련, 고해상도 시뮬레이션, 빅데이터 분석 등에서 이 성능은 혁신적인 변화를 견인하고 있으며 데이터 기반 과학과 산업 기술 전반의 속도와 정밀도를 획기적으로 끌어올리고 있다. 대표적으로 미국 오크리지 국립연구소(ORNL)의 프론티어(Frontier) 슈퍼컴퓨터는 세계 최초로 1.102 엑사플롭스의 연산 능력을 달성했으며 이는 약 5,700만 대의 일반 노트북이 동시에 작동하는 것과 맞먹는 연산 처리 속도로 평가된다. 현재 각국 정부와 주요 IT 기업들은 차세대 AI 및 슈퍼컴퓨팅 경쟁력을 확보하기 위해 엑사플롭스급 인프라 구축에 대한 투자를 가속화하고 있다.

동 운영하는 2조 원 규모의 국가 AI 컴퓨팅 센터 설립도 함께 추진되고 있다.

민간 투자를 유도하기 위한 정책도 병행된다. 정부는 조세 특례 등 다양한 경제적 인센티브를 마련하고 오는 2027년까지 AI 분야에서 총 65조 원 규모의 민간 투자를 유치할 방침이다.[5] 특히 AI 스타트업과 중소기업이 기술 개발과 사업화를 원활히 추진할 수 있도록 세제 혜택과 정책 금융 지원을 강화하고 민간 주도의 혁신이 촉진될 수 있도록 다양한 지원책을 구체화하고 있다.

전국 단위의 AI 전환 가속화도 주요 전략 과제 중 하나다. 정부는 산업 전반의 디지털 전환을 실현하기 위해 2030년까지 산업 분야 AI 도입률 70%, 제조업 AI 활용률 40% 달성을 목표로 설정했다. 이를 위해 산업별 맞춤형 AI 솔루션을 적극 확대하고 공공기관의 AI 활용 범위를 넓혀 행정 서비스의 효율성을 극대화할 계획이다. 예를 들어 경기도는 교통 관리에 AI 기반 딥러닝과 음성합성(TTS) 기술을 적용해 교통 흐름을 최적화하고 있으며 정부는 이러한 성공 사례를 전국적으로 확산해 나갈 방침이다.

한국 정부는 AI 시스템의 안전성과 보안 강화를 위한 기술 개발에 집중하는 동시에 글로벌 AI 거버넌스 논의에도 적극 참여해 국제적 입지 확대에 주력하고 있다. AI 기술이 보다 투명하고 예측 가능하게 작동하도록 다양한 안전 기술을 개발하고 있으며 국제 규제 및 표준 설정 과정에서도 선도적인 역할을 수행할 수 있도록 전략적 기반을 강화하고 있다.

아울러 정부는 AI 산업의 경쟁력을 높이기 위해 인재 육성, 기술

5) https://www.mk.co.kr/news/politics/11126110

및 인프라 혁신, 포용적 AI 환경 조성, 글로벌 리더십 확보 등 여러 과제를 병행하고 있다. 특히 인재 육성과 스타트업 지원 측면에서는 창업 7년 미만의 AI 스타트업을 대상으로 제품 및 서비스 개발 지원과 상용화 지원을 확대하고 있으며 청년 인재의 실무 역량 강화를 위한 취업·창업 연계 교육도 운영 중이다. 예를 들어 중소벤처기업부는 '2024년 스타트업 AI 기술인력 양성사업(이어드림 스쿨)'을 통해 AI 특화 교육을 제공한 바 있다.

기술 및 인프라 혁신 부문에서는 국산 AI 반도체의 개발과 상용화를 통해 차세대 반도체 기술 분야에서 글로벌 초격차를 확보하는 것을 목표로 삼고 있다. 동시에 국내외에 AI 연구 거점을 구축해 초거대 AI 모델과 미래형 AI 기술 개발을 추진하고 있으며 고성능 GPU와 국산 AI 반도체 도입을 위한 국가 AI 컴퓨팅 센터도 단계적으로 구축하고 있다.

포용적이고 공정한 AI 환경 조성을 위해서는 '디지털 포용법' 제정을 추진중이며 이를 통해 AI 기술이 모든 사회 계층에 균등하게 제공될 수 있도록 제도적 기반을 마련하고 있다. 또한 전 국민을 대상으로 AI 활용 역량 강화를 위한 교육 프로그램을 확대하고 있으며 특히 소외계층을 위한 지역 기반 AI 교육 센터도 운영 중이다.

글로벌 리더십 확보 전략 역시 병행되고 있다. AI 안전성 연구소 설립, 국제 협력 확대, 글로벌 AI 거버넌스 참여 등을 통해 기술적 한계를 극복하고 국제 표준을 주도하려는 노력을 이어가고 있다. 특히 해외 유수 연구진과의 협업을 통한 기술 공동 개발은 이러한 비전을 실현하는 핵심 동력으로 작용하고 있다.

이러한 다각적인 정책들은 AI 기술의 발전을 가속화하고 산업 및 공공 부문에서의 활용을 촉진하는 동시에 글로벌 AI 시장에서 한국의 경쟁력을 한층 강화하는 데 그 목적이 있다.

이를 통해 기대되는 효과는 다양하다. 첫째, AI 기술 도입은 산업 경쟁력을 강화하고 다양한 분야에서 생산성과 효율성을 극대화하는 데 크게 기여할 수 있다. 예를 들어 제조업에서는 AI 기반 품질 관리 및 예측 유지보수 시스템을 통해 생산 라인의 효율성을 높이고 다운타임을 최소화할 수 있다. 특히 컴퓨터 비전 기술이 적용되면 제품의 결함을 실시간으로 감지해 품질 기준을 안정적으로 유지할 수 있다. 금융부문에서는 AI 기반의 위험 분석 및 사기 탐지 시스템을 통해 금융 거래를 실시간으로 모니터링하고 이상 징후를 조기에 파악함으로써 금융 안정성을 더욱 높일 수 있다. 의료 분야에서는 방대한 의료 데이터를 정밀 분석해 암 진단의 정확도를 높이고 환자 맞춤형 치료 방안을 제공하는 데 실질적인 도움을 줄 수 있다. 교육 분야에서도 AI는 학습자의 패턴을 분석해 개인화된 교육을 가능하게 하며 교사의 행정 업무를 자동화해 교육 본연의 역할에 더욱 집중할 수 있는 환경을 조성할 수 있다.

둘째, 공공 서비스 분야에서도 AI는 행정 효율성과 서비스 품질을 동시에 향상시키는 핵심 도구로 작용한다. 예를 들어 정부 기관은 AI 챗봇을 도입해 국민들의 문의에 실시간으로 응답하고 행정 문서를 자동으로 검토해 업무 처리 시간을 크게 단축할 수 있다. 또한 자연어 처리(NLP) 기술을 활용하면 다국어 서비스 제공이 가능해져 다양한 문화와 언어적 배경을 지닌 국민의 접근성과 편의성도 높여줄 수 있다. 나아가 AI는 공공 서비스 수요를 예측하는 데도 활용될 수 있어 예측된 수요에 맞춰 인력과 자원을 최적화함으로써 서비스 품질을 제고하는 데 기여한다. 예컨대 민원 수요가 특정 시간대에 집중될 것으로 예측되는 경우 사전에 인력을 배치함으로써 보다 신속하고 원활한 민원 처리가 가능해진다.

셋째, AI 연구개발(R&D) 확대와 컴퓨팅 인프라 강화는 국내 AI 기업의 해외 진출을 뒷받침하는 핵심 기반이 될 수 있다. 정부는 2027년까지 GPU 성능을 현재 대비 15배 수준으로 확대하고 대규모 AI 컴퓨팅 센터를 구축해 AI 모델 훈련과 방대한 데이터 처리에 필요한 연산 자원을 안정적으로 제공할 계획이다. 또한 초거대 AI 모델 개발과 같은 핵심 분야에 대한 투자를 확대하고 민간 기업에는 세제 혜택과 정책 금융 지원을 통해 기술 혁신을 촉진하고 있다. 더불어 국내 기업이 해외 시장에 원활히 진출할 수 있도록 전략 수립을 지원하고 현지 네트워크 구축도 함께 추진하고 있다.

넷째, AI의 윤리적 사용과 안전성 확보를 통해 사회적 부작용을 줄이고 국민이 신뢰할 수 있는 AI 환경을 조성할 수 있다. 정부는 투명성, 공정성, 책임성을 핵심 원칙으로 삼는 'AI 윤리 체크리스트'를 발표하고 이를 통해 개발자와 기업이 윤리적 기준을 준수하도록 유도하고 있다. 또한 데이터 익명화 및 차등 프라이버시 기술 도입, 안전성 모니터링 시스템 운영 등을 통해 개인정보 보호와 기술 신뢰성을 강화하고 있다.

결론적으로 한국의 AI 혁신 전략은 국가 경쟁력 강화와 글로벌 시장에서의 주도권 확보를 핵심 목표로 삼고 있다. 다만 산업 육성과 기술 발전에 주력하는 과정에서 노동시장 변화, 알고리즘 편향, 개인정보 보호와 같은 사회적 이슈에 대한 대응이 상대적으로 미흡하다는 지적도 제기된다. 향후에는 AI 기술의 확산이 사회 전반에 미치는 영향을 보다 정밀하게 분석하고 이에 대한 구체적인 대응책을 마련하는 것이 중요한 과제로 떠오를 것이다.

이러한 국가 전략이 단기적인 성과에 그치지 않고 지속 가능한 성장으로 이어지기 위해서는 기술 중심의 산업 육성뿐 아니라 AI가 사회 전반에 미치는 구조적 영향에 대한 선제적 대응 전략도 함께 마련돼야 한다. 특히 산업과 공공부문에 AI가 빠르게 도입되면서 기존 일자리 구조가 급격히 변화하고 있으며 자동화와 알고리즘 기반 의사결정의 확산으로 인해 일부 직무는 대체 가능성이 높아지고 있다. 이는 분명 고용 불안정성의 확대라는 사회적 과제를 야기할 수 있다. 아울러 개인정보 보호와 알고리즘의 투명성 확보, 기술의 사회적 영향에 대한 지속적인 모니터링도 필수 과제로 떠오르고 있다. 이를 위해 정부는 고위험 AI 시스템에 대한 명확한 규제 기준을 마련하고 AI 기술이 초래할 수 있는 사회적 영향을 체계적으로 평가할 수 있는 제도적 기반을 구축해야 한다.

또한 AI 산업 성장을 위한 대규모 투자 전략은 단기 실적에 치우치지 않도록 장기적 관점에서 체계적으로 설계되고 운영돼야 한다. 현재 정부는 AI 컴퓨팅 인프라 확충과 민간 투자 유도를 중심으로 다양한 정책을 추진하고 있으나 이러한 투자가 단기 성과 중심으로 흐른다면 기술 고도화와 글로벌 경쟁력 확보에는 한계가 따를 수밖에 없다. 따라서 중장기 기술 발전을 견인할 수 있도록 투자 계획을 정교하게 재설계하고 민관이 공동으로 참여하는 지속 가능한 AI 생태계를 조성하기 위한 정책적 노력이 병행돼야 한다.

더불어 국제 협력의 확대, 글로벌 규제 표준과의 조화, AI 교육의 보편화, 국민 인식 제고를 위한 정책적 보완도 함께 요구된다. 앞으로 AI가 경제와 사회 전반에 미치는 영향력이 더욱 커질 것으로 예상되는 만큼 산업 성장과 사회적 책임 사이의 균형을 유지하며 글로벌 협력을 강화하고 장기적 기술 경쟁력을 확보하기 위한 전략적 접근이 무엇보다 중요하다.

AI 윤리 국가표준과 국가 거버넌스

한국은 AI 기술이 신뢰를 기반으로 발전할 수 있도록 윤리 기준을 수립하고 이를 실행할 수 있는 거버넌스 기반을 구축하고 있다. 2023년 6월 산업통상자원부 국가기술표준원(KATS)은 AI 윤리에 관한 첫 번째 국가표준(KS)을 제정하고 개발자와 기업이 윤리적 원칙을 준수할 수 있도록 돕는 AI 윤리 체크리스트를 발표했다.[6] 이와 함께 공공과 민간이 공동으로 참여하는 AI 거버넌스 위원회를 설립해 기술의 안전성과 책임성을 제도적으로 뒷받침하는 운영 체계도 함께 마련했다.

AI 윤리 국가표준은 지난 2021년부터 산학연 전문가들이 참여한 'AI 윤리 표준화 포럼'에서 충실한 논의와 검증 과정을 거쳐 개발됐다. 특히 챗GPT, 딥시크(Deepseek), 제미나이(Gemini), 그록(Grok) 등 다양한 AI 서비스가 빠르게 확산되는 현실에서 발생할 수 있는 윤리적 문제에 대응하고자 실질적이고 실행 가능한 기준을 마련한 것이 특징이다. 이 윤리 체크리스트는 개발자, 제공자, 사용자 모두가 고려해야 할 윤리적 요소들을 구체적으로 제시하며 AI 시스템이 예측 가능하고 설명 가능하며, 안전하고 공정하게 작동하도록 설계됐다. 데이터 수집 및 처리, AI 설계와 개발, 서비스 제공 등 각 단계에서 발생할 수 있는 윤리적 이슈들을 세분화해 실제 활용 가능한 가이드라인 형태로 제시한 점이 큰 강점이다.

예를 들어 데이터 수집 및 처리 단계에서는 개인정보 보호, 데이터 편향, 데이터 소유권 문제가 주요 고려사항으로 제시된다. 개인정보 보

6) https://aikorea.go.kr/web/main.do;jsessionid=BE08A7882673B9F582FA12058EB2A8DE?editorType=smarteditor&screenTp=USER

호가 미흡할 경우 사용자 정보가 무분별하게 활용될 수 있으며 AI 학습 데이터가 특정 집단에 편향될 경우 알고리즘의 공정성을 심각하게 훼손할 수 있다. 또한 데이터 소유권이 불분명하면 법적 분쟁으로 이어질 가능성도 있다. 이러한 문제를 예방하기 위해서는 투명한 정보 제공과 명확한 동의 절차 채택, 다양한 데이터 활용을 통한 편향 최소화, 강화된 보안 조치를 통한 개인정보 유출 방지 등이 핵심 과제로 강조된다.

AI 설계 및 개발 단계에서도 알고리즘 편향, 설명 가능성 부족, 안전성 미흡과 같은 다양한 윤리적 이슈가 발생할 수 있다. 예를 들어 AI가 특정 성별이나 연령, 인종 등에 대해 차별적인 결정을 내리거나 의사결정 과정이 불투명할 경우 사용자 신뢰가 크게 훼손될 수 있다. 또한 AI 시스템의 예기치 않은 오작동은 사용자에게 실질적인 피해를 야기할 수 있는 잠재적 위험을 내포하고 있다.

이러한 문제를 방지하기 위해서는 AI 모델의 편향성을 정기적으로 평가하고 조정할 수 있는 체계를 마련해야 하며 '설명 가능한 AI (Explainable AI, XAI)'를 도입해 알고리즘 결정의 근거를 사용자에게 명확히 제공하는 것이 중요하다. 아울러 AI 시스템의 사전 안전성 검증을 철저히 수행해 잠재적 리스크를 최소화하는 조치도 필수적이다.

AI가 고객에게 직접 서비스를 제공하는 과정에서도 투명성 부족, 개인정보 유출, 서비스 불공정성과 같은 윤리적 문제가 빈번하게 발생할 수 있다. 이는 AI 시스템이 사용자에게 작동 원리나 데이터 활용 방식에 대한 충분한 정보를 제공하지 않거나 데이터 보안 조치가 미흡할 경우 신뢰를 심각하게 훼손할 수 있기 때문이다.

따라서 AI가 신뢰받는 기술로 자리매김하기 위해서는 시스템의 작동 방식과 데이터 수집·처리 절차를 사용자에게 명확히 전달하는 것이 필수적이다. 동시에 고객 데이터의 보안을 강화해 정보 유출을 사전에 방지하고 특정 사용자에게만 유리하거나 불리하게 작용하지 않도록 공정성을 확보하는 것이 핵심 과제로 제시된다.

한국 정부는 이러한 AI 윤리 국가표준을 바탕으로 AI 기술의 안전성과 책임성을 제도적으로 확보하기 위한 국가 차원의 거버넌스 체계를 구축하고 있다. 이를 위해 대통령 직속의 공공-민간 협력 기반 'AI 거버넌스 위원회'를 설립하고 이 위원회에 AI 정책을 총괄하며 산업 발전을 지원하는 역할을 부여했다. 위원회는 정책 조정, 연구개발 전략 수립, 인프라 확장, 규제 개선 등 AI 관련 핵심 과제를 포괄적으로 다루며 기술이 사회 전반에 미치는 영향을 평가하고 윤리적 대응책을 마련하는 기능도 함께 수행하고 있다. 위원회는 기술, 경제, 인문사회 등 다양한 분야의 전문가들로 구성돼 있으며 AI 기술의 사회적 영향을 다각도로 분석하고 이를 실질적인 정책으로 반영하는 데 주력하고 있다.

AI 거버넌스 체계는 단순한 제도 설계를 넘어 국가 차원의 정책 실행 기반으로 작동하고 있다. 정부는 민간 전문가와의 협력 체계를 강화하고 AI 기본법을 중심으로 분산되어 있던 기존 법령을 통합해 보다 체계적인 정책 프레임워크를 마련하고 있다. 또한 제조업·금융·의료 등 8대 핵심 산업에 AI를 적용하는 맞춤형 전략을 추진하고 있으며 기술 발전을 저해하지 않으면서도 윤리적 기준을 충족할 수 있도록 규제 개선 작업도 병행하고 있다.

또한 정부는 AI 기술이 사회에 미치는 영향을 체계적으로 분석하기 위해 '사회적 영향 평가 제도'를 도입하고 있으며 자동화로 인한 실업 등 부작용에 대비해 취약계층 보호 정책도 함께 추진하고 있다. 이와 함께 공공 서비스의 질을 향상시키기 위해 AI 기술의 활용 범위를 지속적으로 확대하고 있으며 특히 안전, 재난 대응, 의료 등 국민 삶과 직결된 분야에서 AI의 실질적인 도입이 빠르게 진행되고 있다.

한국은 이처럼 윤리 기준과 제도적 거버넌스를 바탕으로 AI 기술이 신뢰를 바탕으로 발전할 수 있는 기반을 마련하고 있으며 글로벌 AI 규범 논의에서도 적극적인 역할을 수행하고 있다. 다만 AI가 사회에 미치는 영향력이 과거의 어느 기술 변화보다도 크다는 점에서 윤리 규제 체계의 실효성을 더욱 강화하고 거버넌스 위원회의 실질적인 권한을 확대하는 조치가 지속적으로 요구된다. 나아가 국제적 규제 흐름과의 연계를 강화하는 동시에 기업의 부담은 최소화하면서도 기술 사용에 따른 윤리적 책임은 명확히 이행할 수 있도록 균형잡힌 정책을 지속적으로 보완하고 발전시켜 나가야 한다.

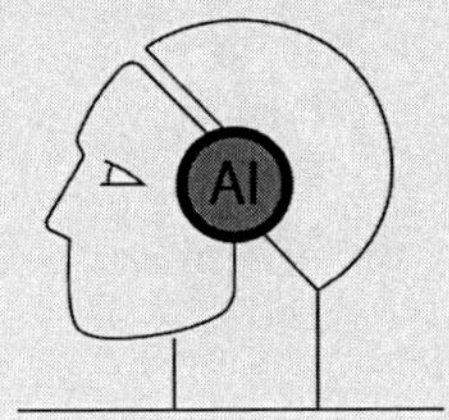

CHAPTER 05

미래 정부의 역할

기술은 인간의 손끝에서 출발하지만 그 기술이 사회의 구조와 질서를 변화시키는 순간에는 반드시 책임 있는 조율자가 필요하다. AI가 단순한 도구의 역할을 넘어 인간의 일상과 가치 판단에 깊숙이 개입하는 시대가 도래한 지금 정부의 역할은 그 어느 때보다도 막중하다. 기술 규제에 머무르지 않고 미래 사회의 윤리를 함께 설계하는 주체로서 정부의 책임이 강조되고 있는 것이다.

AI는 행정의 방식과 공공서비스의 구조를 근본적으로 변화시키고 있다. 나아가 AI의 결정은 개인의 권리와 삶의 방향에까지 실질적인 영향을 미칠 수 있는 수준에 도달하고 있다. 이처럼 기술이 지닌 사회적 영향력은 폭발적으로 확장되고 있으나 그에 상응하는 규범과 책임의 체계는 여전히 그 속도를 따라가지 못하고 있다. 이러한 현실은 정부가 기술의 변화를 수동적으로 따라가는 것이 아니라 그 기술이 향해야 할 사회적 방향을 선제적으로 제시해야 함을 강하게 시사한다.

따라서 이 장에서는 AI 시대를 맞아 정부가 수행해야 할 새로운 역할을 중심으로 살펴본다. 구체적으로는 국민이 AI를 이해하고 주체적으로 활용할 수 있도록 돕는 AI 리터러시 교육, 기술 발전과 윤리적 기준이 조화를 이루는 법제 정비, 민간과의 긴밀한 협력 체계 구축, 그리고 글로벌 규제와의 정합성을 확보하기 위한 국제 협력 방안을 살펴본다. 이러한 역할을 통해 정부는 단순히 기술을 관리하는 조직을 넘어 인간 중심의 사회를 정교하게 설계하는 핵심 주체로 자리매김 해야 한다.

AI 리터러시 교육

AI는 이미 우리의 삶 깊숙한 곳까지 들어와 있다. 이제 그것은 단순한 기술을 넘어 인간의 사고방식과 의사결정 구조에 실질적인 영향을 미치며 사회 전반을 변화시키고 있다. 더 이상 AI는 일부 전문가나 특정 기업만의 영역이 아니다. 이제는 국민 모두가 이해하고 활용할 수 있어야 할 새로운 언어이자, 민주주의가 제대로 작동하기 위해 반드시 갖춰야 할 시민의 기본 역량이 되고 있다. 그러나 AI 기술의 확산 속도에 비해 이를 이해하는 사회적 기반은 여전히 부족하다. AI의 구조와 작동 방식에 대한 지식이 부족한 개인과 집단은 기술 발전의 흐름에서 점차 소외되거나 그로 인한 예기치 못한 부작용에 취약해질 수 있다. 특히 AI가 생성한 콘텐츠를 무비판적으로 수용하거나 알고리즘의 결정을 절대적으로 신뢰하는 현상은 점점 더 심각한 사회적 문제로 대두되고 있다. AI의 활용이 일상화될수록 국민에게 요구되는 역량 역시 달라진다. 이제는 단순히 기술을 사용하는 수준을 넘어 그것을 비판적으로 이해하고 윤리적 기준에 따라 대응할 수 있는 능력이 필수가 됐다. AI가 제공하는 정보의 한계를 인식하고 그 결정이 어떤 데이터에 기반하며 어떤 편향을 내포할 수 있는지를 이해하지 못한다면 우리는 기술에 종속된 수동적인 존재로 전락할 수밖에 없다.

이러한 맥락에서 AI 리터러시는 단순한 기술 교육이 아니라 모든 국민이 사회적 주체로 기능하기 위한 핵심 소양으로 자리 잡고 있다. AI 리터러시 교육은 단순히 도구의 사용법을 익히는 데 그치지 않는다. AI

의 작동 원리와 데이터 활용 구조는 물론, 알고리즘의 윤리적 쟁점까지 포괄하는 총체적 이해를 통해 모든 국민이 기술에 휘둘리지 않고 스스로 판단할 수 있는 역량을 기르는 것을 목표로 한다. AI 기술이 초래할 변화에 능동적으로 대응하고 이를 올바르게 활용할 수 있도록 국민 전체의 이해 수준을 높이는 일은 지속 가능한 미래 사회를 위한 필수 과제가 됐다. 이를 위해 정부는 교육기관, 산업계 등 다양한 주체와 협력해 체계적인 AI 교육 시스템을 구축해야 하며 시대 변화에 발맞춰 이를 지속적으로 보완하고 개선해 나가야 한다. 이미 여러 국가들은 AI 리터러시를 단순한 교육정책이 아닌 국가 전략의 일환으로 적극적으로 추진하고 있다.

대표적으로 미국은 초·중·고등학교에서부터 대학, 기업에 이르기까지 전방위적으로 AI 교육을 강화하고 있으며 국민 전반의 AI 리터러시 수준 향상에 집중하고 있다. 이들의 교육은 단순히 프로그래밍 기술을 익히는 수준을 넘어 AI가 사회와 인간의 삶에 어떤 영향을 미치는지를 통찰할 수 있도록 설계돼 있다는 점에서 주목할 만하다. 이는 기술을 '어떻게' 사용하는지를 넘어서 '무엇을' 변화시키는지를 함께 가르치려는 교육 철학이 교육 현장에 뿌리내리고 있음을 보여준다.

미국의 초·중·고등학교의 AI 교육은 주(state)별로 다소 차이는 있지만 대부분 지역 교육청과의 협력을 통해 점진적으로 AI 교육을 확대하고 있다. 대표 사례로는 미국 인공지능학회(AAAI)와 컴퓨터과학 교사협회(CSTA)가 공동 개발한 'K-12 AI 교육 프로그램'이 있다.[1] 이 프로그램은 △AI의 지각(Perception) △표현 및 추론(Representation & Reasoning)

1) https://aaai.org/aaai-launches-ai-for-k-12-initiative-in-collaboration-with-the-computer-science-teachers-association-csta-and-ai4all/

△학습(Learning) △자연스러운 상호작용(Natural Interactions) △사회적 영향(Societal Impact)이라는 'Five Big Ideas'를 중심으로 구성돼 있으며 기술적 기초와 사회적 함의를 통합적으로 학습하도록 돕는다. 각 개념은 학년별 수준에 맞게 학습 목표가 설정돼 있고 교사들이 이를 효과적으로 반영할 수 있도록 교사 연수 프로그램도 함께 제공된다.

일부 주에서는 보다 실질적인 AI 직업 교육 강화를 위해 특화된 커리큘럼도 도입하고 있다. 예를 들어 플로리다 주는 고등학교에서 3년 과정의 'AI Foundations' 커리큘럼을 운영하는 'AI 직업기술교육(Career and Technical Education, CTE)' 프로그램을 시행 중이다.[2] 이 프로그램은 학생들이 AI의 개념을 체계적으로 이해하고 문제 해결 역량과 실생활 응용 능력을 함께 기를 수 있도록 설계됐다. 조지아 주는 AI 특화 테마 고등학교를 설립해 보다 심화된 AI 교육을 제공하고 있으며 메릴랜드와 캘리포니아 등 여러 주에서도 정규 교육과정에 AI 교육을 통합하려는 움직임이 확산되고 있다.

고등교육 단계에서도 AI 전문 인력 양성이 활발히 이뤄지고 있다. 카네기 멜론 대학교(Carnegie Mellon University)는 세계 최초로 AI 학사 과정(Bachelor of Science in Artificial Intelligence)을 개설해 학부 수준부터 체계적인 교육을 제공하며 신뢰할 수 있는 AI, AI 엔지니어링 등 심화 분야를 다루는 다양한 석사 과정도 함께 운영하고 있다.[3] 매사추세츠공과대학교(MIT)는 자연어 처리, 예측 분석, 딥러닝 등 실무 기반 기술을 중심으로 AI와 기계학습에 특화된 심화 교육과정을 운영하고 있으며 'AI

---

2) https://news.ufl.edu/2023/08/uf-designed-ai-education/

3) http://coursecatalog.web.cmu.edu/schools-colleges/schoolofcomputerscience/artificialintelligence/

Professional Certificate Program'을 통해 기업과 개인 모두가 최신 AI 기술을 실질적으로 습득할 수 있도록 지원한다.[4] 스탠퍼드 대학교(Stanford University) 또한 AI 대학원 인증서 프로그램을 통해 자연어 처리, 강화 학습, AI 윤리 등 폭넓은 주제를 중심으로 한 온·오프라인 통합 교육 과정을 제공한다.[5]

AI 교육은 대학에 국한되지 않고 기업 주도로도 활발히 전개되고 있다. 대표적으로 인텔은 커뮤니티 컬리지와 협력해 'AI for Workforce' 프로그램을 운영하며 산업 현장에서 요구되는 역량을 학생들이 습득할 수 있도록 지원하고 있다.[6] 이 프로그램은 데이터 수집, 컴퓨터 비전, AI 모델 훈련, 코딩 등 기술의 기초는 물론 AI가 사회에 미치는 영향과 윤리적 쟁점까지 포괄적으로 다룬다. 또 다른 사례로 데이터 과학자 채용 전문 기업 코릴레이션 원(Correlation One)도 기업과 공공기관을 대상으로 AI 리터러시 향상 교육을 제공하며 실무 중심의 학습과 윤리적 가이드라인을 접목해 현장 활용성을 높이고 있다.[7]

유럽에서도 AI 교육의 중요성이 폭넓게 인식되면서 이를 뒷받침하는 정책이 적극적으로 추진되고 있다. 유럽연합은 'AI 교육 전략'을 수립하고 초·중·고등학교 학생뿐만 아니라 일반 시민까지 교육 대상을 확대하고 있다. 특히 직업 교육과 평생 학습 프로그램에도 AI 리터러시를 필수 요소로 포함하도록 권고하고 있으며 이러한 정책 방향은 유럽연합

4) https://professional.mit.edu/course-catalog/professional-certificate-program-machine-learning-artificial-intelligence-0

5) https://www.shiksha.com/studyabroad/usa/universities/stanford-university/course-online-artificial-intelligence-graduate-certificate

6) https://iconnect007.com/index.php/article/128517/intel-launches-ai-for-workforce-program-for-students-in-18-community-colleges/128520

7) https://www.correlation-one.com/generative-ai-training-for-employees

인공지능법에도 반영되어 있다.

유럽연합 인공지능법은 AAI 리터러시를 단순한 기술 숙련을 넘어서 'AI 시스템을 제공하거나 사용하는 사람뿐 아니라 그 영향을 받는 모든 이들이 자신의 권리와 책임을 이해하고 AI를 활용할 수 있는 지식과 역량을 갖춘 상태'로 정의하고 있다.[8] 이에 따라 기업과 공공기관은 종사자에게 AI 교육을 의무적으로 제공해야 하며 교육의 효과성을 주기적으로 평가하고 개선하는 체계를 마련해야 한다.

AI 교육을 선도적으로 도입한 유럽연합 회원국 중 하나인 핀란드는 대표적인 온라인 프로그램인 'Elements of AI'를 운영하고 있다.[9] 이 과정은 헬싱키 대학교와 핀란드의 소프트웨어 기업 레악토르(Reaktor)가 공동 개발한 것으로 EU 시민 누구나 무료로 수강할 수 있으며 AI의 기본 개념과 활용 사례를 폭넓게 학습할 수 있도록 설계돼 있다. 교육 과정은 AI의 정의, 기계 학습, 신경망, AI 문제 해결, 사회적 영향 등 여섯 개 모듈로 구성돼 있으며 수료 시 링크드인(LinkedIn) 인증서를 받을 수 있고 핀란드에서는 오픈 대학교(The Open University) 정식 학점으로 인정되기도 한다. 현재 이 과정은 EU 22개국에서 운영되고 있다.

또 다른 사례로 에스토니아는 전 국민을 대상으로 한 AI 리터러시 확산에 적극 나서고 있다. 모든 학교에 AI 교육을 필수 과정으로 도입한 에스토니아는 2025년 하반기부터는 10 · 11학년 학생 2만 명과 교사 3천 명을 대상으로 AI 교육을 본격적으로 시행하며 2026년에는 직업학교

---

8) https://www.insideprivacy.com/artificial-intelligence/european-commission-provides-guidance-on-ai-literacy-requirement-under-the-eu-ai-act/

9) https://www.helsinki.fi/en/news/artificial-intelligence/elements-ai-has-introduced-one-million-people-basics-artificial-intelligence

와 신규 학년으로 교육 대상을 더욱 확대할 계획이다.10)

이 교육 프로젝트는 AI 기반 학습 도구를 활용해 학생 개개인에게 맞춤형 교육을 제공하는 것을 목표로 하며 교사들에게는 AI 활용 역량을 높일 수 있는 전문 연수를 함께 제공한다. 특히 오픈AI와 앤트로픽(Anthropic)과의 협력을 통해 챗GPT Edu와 같은 교육용 AI 도구를 도입하고 있으며 정부와 민간이 공동으로 'AI Leap 재단'을 설립해 지속 가능한 AI 교육 생태계 구축에도 힘쓰고 있다.

아시아에서도 AI 교육 강화를 위한 국가 차원의 노력이 활발히 전개되고 있다. 싱가포르는 대표적인 사례로 정부는 AI 싱가포르, 정보통신미디어개발청(IMDA) 등과 협력해 'AI for Everyone' 프로그램을 운영하고 있다.11) 이 프로그램은 싱가포르의 'TechSkills Accelerator(TeSA) 이니셔티브'*의 일부로 1만 명 이상의 국민에게 AI 지식을 보급하는 것을 목표로 한다. 단기 교육 과정으로 구성되며 AI의 기본 원리를 소개하고 AI가 일상생활과 직장에서 어떻게 활용될 수 있는지를 이해시키는 데 초점을 둔다. 이 교육은 온라인과 오프라인 워크숍 형식으로 제공된다.

싱가포르는 또 'AI for Industry(AI4I)'와 'AI for Students' 프로그램을 통해 산업 전문가와 학생들에게 실질적인 AI 교육을 제공하고 있다. 이들 프로그램은 단순한 기술 교육을 넘어 AI 리터러시를 높이고 직업 시장에서 경쟁력을 강화하는 데 중점을 둔다. 특히 AI4I는 산업 현장 종사자가 AI를 활용해 업무 효율성과 경쟁력을 높일 수 있도록 설계된 맞

---

10) https://e-estonia.com/ai-leap-2025-estonia-sets-ai-standard-in-education/

11) https://www.imda.gov.sg/-/media/imda/files/about/media-releases/2018/media-release-on-aisg-imda-new-initiatives-on-ai-talent-development.pdf

TeSA

TeSA는 싱가포르 정부가 디지털 경제 시대에 필요한 ICT 인재를 양성하고 직업 전환을 지원하기 위해 운영하는 국가 교육 프로그램이다.[12] 2016년 정보통신미디어개발청(IMDA)의 주도로 시작된 이 프로그램은 Skills Future Singapore, Workforce Singapore, 전국노동조합총연맹(NTUC) 등과 협력해 AI, 클라우드 컴퓨팅, 데이터 과학, 사이버 보안 등 첨단 기술 분야의 숙련된 인재를 체계적으로 육성하는 데 초점을 맞추고 있다.

TeSA는 급변하는 기술 환경에 대응해 ICT 분야의 전문성을 단계적으로 개발하도록 설계돼 있으며 특히 커리어 전환을 모색하는 중간 경력자와 재직자에게 맞춤형 교육과 훈련 기회를 제공한다. 단순한 기초 교육을 넘어 산업 현장에서 즉시 활용 가능한 실무 역량을 중심으로 구성돼 있고 취업과 직결될 수 있도록 커리큘럼이 설계된 점이 특징이다.

교육 과정은 소프트웨어 개발, 데이터 분석, 사이버 보안, 클라우드 컴퓨팅 등 다양한 분야를 아우르며 초급부터 고급까지 단계별 학습이 가능하다. 또한 기업과의 협력을 통해 산업 현장에서의 실습 기회를 제공해 학습자들이 습득한 기술을 실무에 즉시 적용할 수 있도록 돕는다. 아울러 IMDA는 'CITREP+' 프로그램을 통해 교육 비용을 보조함으로써 더 많은 사람들이 AI 및 ICT 분야 교육에 참여할 수 있도록 장려하고 있다.

춤형 교육 과정이다. 이 프로그램은 'Literacy in AI'와 'Foundations in AI'라는 두 과정으로 운영된다. 'Literacy in AI' 과정은 AI 기술의 기초 개념과 AI 제품·서비스 활용법을 배우는 5시간 코스이다. 'Foundations in AI' 과정은 파이썬(Python)을 활용한 AI 프로그래밍과 데이터 애플리케이션 개발을 포함한 140시간 심화 과정으로 AI 모델 구축과 최적화, 산업 적용 솔루션 개발 실습까지 다룬다. 이 과정은 싱가포르 시민 또는 영주권자 중 폴리테크닉 졸업장이나 대학 학위를 가진 사람을 대상으로 한다.

12) https://www.imda.gov.sg/how-we-can-help/techskills-accelerator-tesa

한편 'AI Student Outreach Programme'는 중등 및 고등 교육 기관 학생들에게 AI 기술 교육을 제공해 미래 AI 인재를 육성하는 데 목적을 두고 있다. 이 프로그램은 학생들의 AI 리터러시를 강화하고 산업 및 사회에서 실질적으로 AI를 활용할 수 있는 역량을 기르는 데 중점을 둔다.

프로그램은 총 세 단계로 구성된다. 첫 번째 과정인 'Level 1: Literacy in AI'은 AI 개념, 기계 학습, AI 윤리를 다루는 5시간 분량의 입문 입문 과정으로 사회적 영향과 윤리적 활용 방안을 중심으로 학습이 진행된다. 두 번째 과정인 'Level 2: Foundations in AI'는 파이썬 프로그래밍과 데이터 과학을 중심으로 한 프로젝트 기반 학습으로 AI 모델 구축 및 사례 분석을 포함한다. 마지막 단계인 'Level 3: Advanced AI'는 고급 AI 기술을 다루며 구글 머신러닝 엔지니어 자격증(Google Professional Machine Learning Engineer Certification) 취득을 목표로 한다.

이 프로그램은 싱가포르 정부 및 정부 지원 학교에 재학 중인 학생들에게 무료로 제공되며 온라인 학습 플랫폼을 통해 원격 수업도 지원된다. 이를 통해 학생들은 시간과 장소의 제약 없이 AI를 학습하고 글로벌 트렌드를 이해하며 실무 적용 역량을 키울 수 있다.

싱가포르는 이러한 교육 프로그램을 통해 AI 기술을 단순히 개발하는 수준을 넘어 산업과 교육 시스템 전반에 적극적으로 통합하고 있다. 특히 'AI4I'와 'AI for Students' 프로그램은 산업 변화와 사회 전환에 대비하고 싱가포르가 글로벌 AI 시장에서 주도적인 역할을 수행할 수 있도록 뒷받침하는 핵심 프로그램으로 평가된다.

이제 AI 교육은 국가의 경제 수준이나 지역을 불문하고 각국 정부가 공통적으로 추진하는 핵심 정책으로 자리 잡고 있다. 미국, 유럽, 싱가포르, 에스토니아 등 여러 나라의 사례는 AI 교육이 단순한 기술 습득을 넘어 국가 경쟁력과 직결된다는 인식 아래 정책적 지원이 강화되고 있음을 보여준다. AI를 효과적으로 활용하는 사회와 그렇지 못한 사회 간의 격차는 시간이 지날수록 더 벌어질 수밖에 없다. 따라서 국가 차원에서 AI 교육을 체계적으로 강화하는 것은 피할 수 없는 흐름이다. 온라인 교육 플랫폼 코세라(Coursera)와 AI 펀드(AI Fund)의 공동 창립자인 앤드류 응(Andrew Ng) 역시 "AI 리터러시는 미래의 리더들에게 필수적인 역량"이라며 "AI의 기본 원리를 알면 새로운 기회를 포착하고 기술이 초래할 수 있는 위험 요소를 사전에 예측해 대응할 수 있다"고 강조한 바 있다.

한국도 이러한 국제적 흐름에 발맞추어 AI 교육의 중요성을 점차 부각시키고 있다. 정부는 AI 기술이 미래 사회의 핵심 동력이 될 것이라는 인식 아래 초·중·고등학교 정규 교육 과정에 AI 관련 과목을 도입하는 방안을 추진 중이다. 해당 교육 과정에는 AI의 기본 원리, 코딩 및 프로그래밍(파이썬, 스크래치 등), 데이터 분석(수집, 처리, 시각화), AI 윤리 및 사회적 영향 등 다양한 주제가 포함될 예정이다. 또한 일부 지역에서는 AI 기초 교육 프로그램이 시범 운영되고 있으며 이를 통해 학생들이 AI 모델 설계와 데이터 분석 같은 실질적 기술을 습득할 수 있도록 지원하고 있다. 정부 계획에 따르면 AI 교육은 2025년부터 정규 교육 과정에 도입되며 초기에는 선택 과목으로 시작해 향후 필수 과목으로 확대될 가능성이 크다. 이에 따라 교육부는 전용 교육 자료를 개발하고 교사 연수 프로그램을 운영해 AI 교육을 담당할 교원들의 전문성을 높이고 있다.

정부는 전 국민을 대상으로 한 AI 리터러시 교육도 강화하고 있다. 특히 '인공지능·디지털(AID) 30+ 프로젝트'는 330세 이상 성인을 대상으로 AI와 디지털 기술 활용 역량을 높이는 것을 목표로 하고 있으며 디지털 격차 해소와 직업 시장 경쟁력 강화라는 이중의 효과를 겨냥하고 있다.[13] 이 프로그램은 디지털 환경에 익숙하지 않은 세대도 AI와 각종 디지털 도구를 쉽게 이해하고 실생활에 적용할 수 있도록 실용적인 커리큘럼을 제공한다. 예를 들어 금융 애플리케이션 사용, 무인 키오스크 이용, 스마트 기기를 활용한 정보 검색 및 보안 관리 등 일상에 바로 적용 가능한 내용을 중심으로 교육이 이뤄진다.

서울시 역시 디지털 리터러시 교육 센터를 확대 운영하며 이러한 국가적 흐름을 뒷받침하고 있다. 시민들이 스마트폰, 키오스크 등 다양한 디지털 기기를 능숙하게 다룰 수 있도록 지원해 디지털 격차를 줄이고 정보 접근성을 높이는 데 기여하고 있다. 교육 과정은 초급자부터 중급자까지 다양한 수준으로 구성돼 있으며 스마트폰 기본 사용법부터 AI 기반 서비스의 실생활 적용에 이르기까지 실용적인 주제를 중심으로 운영된다.

국내 주요 기업들도 AI 교육 확대에 적극 동참하고 있다. 삼성은 12만 명에 달하는 임직원을 대상으로 생성형 AI 개념, 직무별 활용 사례, 윤리적 쟁점 등을 포함한 AI 리터러시 교육을 제공하고 있다.[14] 교육은 온라인과 오프라인 방식을 병행해 시간과 장소에 구애받지 않는 유연한 학습환경을 조성하고 있다. SK텔레콤은 '글로벌 AI 컴퍼니'로의 도약을 목표로 전사 구성원을 대상으로 한 AI 리터러시 프로그램을 운영하고 있다.[15] 이 프로그램은 구성원의 직무와 역량 수준에 따라 '베이

13) https://www.moe.go.kr/boardCnts/viewRenew.do?boardID=294&boardSeq=101263&lev=0&searchType=null&statusYN=W&page=1&s=moe&m=020402&opType=N

14) https://www.hankyung.com/article/2024080407031

직 & 인터미디엇', '어드밴스드', '마켓탑'의 세 단계로 구성되며 특히 마켓탑 과정에서는 개발자들이 글로벌 최고 수준의 기술을 유지할 수 있도록 앤트로픽, 오픈AI, 구글 등과 협력한 기술 세미나도 진행한다.

네이버는 행정안전부와 협력해 공공부문 종사자들의 AI 리터러시 향상과 전문 인재 양성을 위한 교육 프로그램을 운영하고 있으며 네이버 커넥트재단은 정보통신산업진흥원(NIPA)과 함께 초등학생을 대상으로 한 AI 및 소프트웨어 교육을 확대하고 있다.[16] 또한 '소프트웨어야 놀자' 프로그램 강사 800명을 대상으로 AI 역량 강화 연수도 병행중이다.

LG디스커버리랩은 서울대학교와 공동으로 'LG AI 청소년 캠프'를 운영하고 있다.[17] 선발된 100명의 학생은 1박 2일간 서울대에서 진행되는 교육과정과 온라인 AI 팀 프로젝트에 참여하며 일상 속 문제를 AI로 해결하는 경험을 쌓는다. 이 중 최종 선발된 15명은 미국 스탠퍼드 대학교와 실리콘밸리 현장 교육 프로그램에 참여할 기회를 얻게 된다.

이제 AI 교육은 단순한 기술 습득을 넘어 국가 안보와 경제 주권을 지키기 위한 국가 생존 전략의 핵심이 됐다. 과거 산업혁명 시기에 기술을 먼저 확보한 국가들이 세계 질서를 주도했듯이 앞으로는 AI를 이해하고 활용할 수 있는 역량이 국가의 미래를 결정지을 것이다. AI는 더 이상 일부 전문가나 특정 산업의 전유물이 아니다. 전 국민이 이해하고 활용해야 할 '필수 기술'이며 이를 체계적으로 교육하지 않는다면 사회는 기술을 수동적으로 소비하는 데 그치고 말 것이다. 그렇게 되면 사회

15) https://biz.newdaily.co.kr/site/data/html/2023/10/29/2023102900010.html
16) https://zdnet.co.kr/view/?no=20250312203209
17) https://lgaiyouthcamp.or.kr/introduction/aicamp

적 격차는 더욱 심화되고 AI의 오남용 가능성도 높아질 수밖에 없다.

반대로 AI 교육을 통해 국민이 기술을 능동적으로 활용할 수 있는 사회로 전환된다면 우리는 새로운 기회를 창출하고 더 나은 미래를 스스로 설계할 수 있을 것이다. AI 기술이 무기화되고 사이버전이 현실화된 오늘날 AI 교육은 더 이상 선택 과목이 아니라 '국가 방어 시스템'의 일부로 인식돼야 한다. 국민이 AI를 이해하지 못한다면 국가는 AI 기술을 선도할 수 없으며 AI를 다룰 수 있는 인재가 많을수록 국가의 경쟁력은 더욱 강해진다. 이는 경제 전쟁에서 살아남기 위한 최소한의 무장이자 AI 주권을 확보하기 위한 필수 조건이다.

따라서 정부는 AI 교육을 국가 전략의 최우선 과제로 삼아야 한다. 지금과 같은 교육 체계를 그대로 유지한 채 미래를 맞이한다면 우리는 AI 선진국에 종속될 위험에 처할 수밖에 없다. AI를 다루는 능력이 곧 국가의 존립과 직결되는 시대가 도래했다. 교육은 경쟁력이며 AI 교육은 그 중심에 있다. 이제 우리는 AI 교육을 의무로 받아들이고 이를 국가 안보와 동일한 수준의 전략적 과제로 다뤄야 한다.

인공지능·디지털(AID) 30+ 프로젝트

인공지능·디지털(AID) 30+ 프로젝트는 한국 정부가 30세 이상 성인의 AI·디지털 역량을 체계적으로 강화하기 위해 추진하는 국가 차원의 평생학습 전략이다.[18] 이 프로젝트는 성인들이 직업 시장과 일상생활에서 AI와 디지털 기

18) https://www.moe.go.kr/boardCnts/viewRenew.do?boardID=294&boardSeq=101263&lev=0&searchType=null&statusYN=W&page=1&s=moe&m=020402&opType=N

술을 능동적으로 활용할 수 있도록 지원하며 취미·여가 중심의 평생교육을 국가 경쟁력 향상을 위한 역량 중심 교육으로 전환하는 것을 목표로 한다. 특히 대학과 연계해 성인 학습자들의 지속적인 기술 습득을 지원하고 고용부의 직업훈련과 협력해 실무 중심의 교육을 제공하는 데 중점을 둔다.

이 프로젝트는 네 가지 영역을 중심으로 전개된다. 첫째, 대학 중심의 역량 강화다. 정부는 인공지능·디지털(AID) 선도대학 100개교를 육성하고 30~40대 성인 학습자를 대상으로 'AID 30+ 집중캠프'를 운영한다. 또한 디지털 전환 중점 전문대학 30개교를 선정해 성인 친화형 교육과정을 마련하고 온라인과 오프라인을 결합한 유연한 학습 환경을 확충하고 있다.

둘째, 디지털 격차 해소다. 생애주기와 개인별 특성에 맞춘 맞춤형 교육제공은 물론 취약 계층과 장애인을 대상으로 디지털 문해 교육을 강화한다. 스마트폰 활용법, 무인 키오스크 이용법, 온라인 금융 서비스 사용법 등 실생활 중심의 실용 교육을 통해 일상에서 바로 적용 가능한 역량을 높이는 것이 목표다.

셋째, 수요자 맞춤형 평생학습 지원이다. 기존의 평생학습 제도를 AI·디지털 중심으로 개편하고 개인별 수준과 목표에 맞는 학습 경로를 안내하는 '디지털 원스톱 학습 플랫폼'을 구축한다. 단기·집중형 과정과 산업 맞춤형 교육을 확대해 실무에 즉시 적용할 수 있는 역량 습득도 돕는다.

넷째, 국가 차원의 평생교육 체계 구축이다. 민관 협력 거버넌스를 통해 성인 학습자의 지속적인 역량 개발을 지원하고 대학의 평생교육 기능을 강화해 재직자와 성인 학습자의 학습 접근성을 높인다. 이를 위해 고등교육법 개정을 추진해 대학이 평생교육을 적극 수행할 수 있도록 하고 성인 학습자 맞춤형 입학 전형도 도입할 계획이다.

AI 관련 법적 제도 정비

AI 기술의 고도화는 기존 법과 제도의 경계를 끊임없이 시험하고 있다. AI가 자율적으로 의사결정을 내리고 인간과 협력하는 수준으로 발전하면서 현행 법체계만으로는 기술 변화의 속도와 범위를 충분히 반영하기 어려운 상황이 되고 있다.

이 과정에서 가장 중요한 쟁점 중 하나는 바로 AI의 법적 주체성 문제다. 현재 AI는 독립적인 법적 행위자로 인정되지 않기 때문에 계약 체결, 법적 책임, 저작권 귀속 등 다양한 영역에서 법적 공백이 발생하고 있다. 예를 들어 AI가 생성한 콘텐츠의 권리가 누구에게 귀속되는지, AI를 활용한 금융거래에서 손실이 발생했을 때 책임 소재는 누구에게 있는지, AI의 결정으로 인해 피해가 발생한 경우 이를 어떻게 구제할 수 있을지 등에 대한 기준이 여전히 불명확하다.

특히 AI를 악용한 신종 범죄가 시급한 대응 과제로 떠오르고 있다. 딥페이크 기술이 정치적 조작이나 금융 사기에 활용되거나 AI 기반 해킹 수법이 날로 정교해지면서 기존 법체계로는 대응하기 어려운 사례들이 급증하고 있기 때문이다. 이에 따라 미국은 2024년부터 AI 해킹 방지를 위한 특별 규제를 도입했으며 일부 주에서는 기존 형법보다 강화된 처벌 기준을 마련하고 있다. 유럽연합도 AI 시스템 운영 기업에 직접적인 법적 책임을 부과하는 방안을 검토하는 등 관련 제도 틀을 갖춰 나가고 있다.

데이터 보호와 AI 책임성 문제도 규제 환경에서 점점 더 핵심적인 과제로 부각되고 있다. AI는 방대한 데이터를 기반으로 작동하는 만큼 데이터 수집과 활용을 규율하는 정교하고 일관된 법적 장치가 반드시 필요하다. 이에 유럽연합의 일반 데이터 보호 규정(GDPR)이나 미국의 소비자 개인정보 보호법(CCPA) 등이 강력한 데이터 보호 권리를 보장하며 국제 규범 형성에 영향을 미치고 있다.

나아가 AI 윤리 기준 수립과 거버넌스 체계의 구축도 더 이상 미룰 수 없는 과제다. AI가 점점 더 자율적으로 판단하는 시스템으로 자리 잡으면서 그 의사결정 과정이 투명하고 공정하게 운영되도록 보장하는 것은 필수적이다. 한국의 경우 'AI 윤리 체크리스트' 제정과 'AI 거버넌스 위원회'를 출범을 통해 관련 정책을 적극 추진하고 있다.

이 같은 문제의식은 세계 각국 전문가들 사이에서도 공통된 목소리로 나타난다. 미국의 컴퓨터 과학자 다니엘 P. 허튼로커(Dan Huttenlocher)는 "AI 규제는 기술과 함께 발전해야 하며 기존 법 체계를 AI 환경에 맞게 조정하는 것이 필수적"이라고 강조했다. MIT의 아수만 외즈다을라르(Asu Ozdaglar) 교수 또한 "AI의 혁신과 안전을 동시에 고려한 규제 프레임워크가 필요하며 이는 AI가 사회에 긍정적인 영향을 미치게 하는 데 핵심 역할을 한다"고 덧붙였다.

결국 AI 법제화는 단순한 기술 규제 차원을 넘어선다. 이는 AI 기술의 지속 가능한 발전을 뒷받침하고 산업과 사회 전반에 걸쳐 신뢰 가능한 환경을 조성하는 기반이 된다. 특히 지금처럼 AI가 경제와 사회 구조를 직접적으로 빠르게 변화시키는 시대에는 법과 제도가 기술 혁신과 사회적 신뢰 사이의 균형을 조율하는 역할을 해야 한다. 한국 역시 이러한 흐름에 발맞춰 AI 기본법을 토대로 윤리 기준을 강화하고 데이터 보호와 책임성 문제를 명확히 규정해 글로벌 규제와의 정합성을 확보해 나가야 한다. 나아가 AI 법제화는 단순한 규범 마련에 그치는 것이 아니라 우리가 어떤 미래를 지향할 것인가에 대한 사회적 합의이자 그 방향을 제시해 가는 과정이 돼야 할 것이다.

공공-민간 협력 강화

공공과 민간의 협력은 AI 거버넌스 구축의 핵심 요소다. 특히 AI 기술이 사회 전반에 영향을 미치게 됨에 따라 정부는 윤리적이고 안전한 AI 활용을 위한 규제 체계를 마련하는 동시에 민간의 기술 혁신이 지속될 수 있도록 유연한 정책 설계를 요구받고 있다.

이에 따라 정부는 민간 부문과의 연계를 강화해 규제와 혁신의 균형을 도모하는 정책 환경을 구축할 필요가 있다. 예를 들어 AI 규제 샌드박스를 확대함으로써 신기술이 일정 범위 내에서 실험되고 시장에서 검증받을 수 있는 여건을 조성해야 한다. 동시에 기술이 충분한 안전성과 윤리 기준을 충족하도록 유도하는 정책적 장치 마련도 요구된다.

이러한 정책적 접근은 이미 주요국에서 활발히 추진되고 있다. 미국은 공공과 민간이 공동으로 AI 개발과 윤리적 활용을 추진하는 협력 체계를 운영 중이다. 예를 들어 NIST는 AI 개발 가이드라인을 마련해 민간과 공유하며 기술의 안전성과 윤리성을 확보하는 역할을 수행하고 있다. 또한 AI 기술의 표준화와 보안 강화를 위한 연구 지원이 이뤄지고 있으며 DARPA은 AI 반도체, 자연어 처리, 로봇 공학 등 여러 분야에서 민간의 기술 개발을 지속적으로 뒷받침하고 있다.

규제 중심의 접근을 택한 유럽연합도 대규모 투자와 파트너십을 통해 민간과의 협력을 확대하고 있다. 대표적으로 '인베스트AI' 이니셔티브를 통해 총 2,000억 유로 규모의 AI 투자 계획을 추진 중이며 이 가운데 200억 유로는 '유럽 AI 펀드'를 통해 스타트업과 연구기관의 신기술 공동 개발과 상용화를 지원하는 데 배정됐다.[19] 해당 펀드는 벤처 캐피털 투자와 주식 지원을 통해 유망 스타트업과 스케일업 기업의 성장을 촉진하고 유럽 전역의 AI 생태계 경쟁력 강화를 목표로 한다.

덴마크에서는 금융, 공공, 법률 분야의 주요 기업과 IT 회사들이 협력해 AI 기술의 안전한 구현을 위한 지침을 마련하고 있다. 이 파트너십은 덴마크 IT 컨설팅 기업인 넷컴퍼니(Netcompany)의 CEO 안드레 로가체브스키(André Rogaczewski)가 주도하고 있으며 유럽연합 인공지능법이 요구하는 법적·기술적 기준을 충족하는 AI 시스템 개발을 목표로 한다.[20]

한국 역시 공공과 민간의 협력을 토대로 AI 기술 도입을 확대하고 있다. 정부는 공공 데이터를 개방하고 이를 민간 기업과 공유함으로써 다양한 분야에서 AI 기반 공공 서비스를 개발하고 있다. 교통 관리 시스템의 경우 민간 기업과 협력해 AI를 적용함으로써 교통 흐름 최적화와 혼잡 완화를 추진하고 있다. 서울시 또한 민간 기업과 함께 AI 기반 민원 상담 서비스와 정보 검색 시스템을 도입해 행정 업무를 자동화하고 시민 편의를 높이고 있다. 이러한 협력 사례는 단순한 기술 도입에 그치지 않고 행정 혁신으로 이어지고 있다는 점에서 의미가 크다.

이 같은 흐름은 해외에서도 유사하게 나타나고 있다. 프랑스의 고용 서비스 기관인 Pôle Emploi는 AI 기반 자동 이력서 분석 도구를 도입해 구직자의 이력을 분석하고 맞춤형 직업을 추천하고 있다.[21] 핀란

19) https://hyperight.com/eu-historic-eur-200-billion-investment-what-it-means-for-europes-ai-future/

20) https://netcompany.com/denmark-paves-the-way-for-fast-and-easy-implementation-of-responsible-ai-across-europe/

21) https://ec.europa.eu/social/BlobServlet?docId=23972&langId=en

드는 'AuroraAI' 프로그램을 통해 결혼, 대학 입학, 은퇴 등 국민의 주요 인생 단계를 기준으로 AI가 서비스 경로를 시뮬레이션해 보다 정교한 행정 지원을 제공한다.[22] 스웨덴 세무청은 외국인 거주자의 세무 등록 절차에 AI와 머신러닝을 적용해 효율성을 높이고 오류와 사기 발생을 예방하고 있다.[23] 이러한 사례들은 공공과 민간이 협력해 AI 기술을 적극적으로 도입하고 활용할수록 공공서비스의 질적 향상과 행정 혁신이 가속화된다는 점을 보여준다. 나아가 이러한 협력은 국가 차원의 AI 기술 경쟁력을 강화하고 글로벌 시장에서 주도권을 확보하기 위한 핵심 전략으로도 작용한다. 이에 따라 정부는 AI 반도체, 자연어 처리, 로봇 공학 등 전략 분야의 연구개발을 적극 지원해야 하며 이러한 정책적 기반이 민간의 기술 혁신과 결합될 때 비로소 글로벌 경쟁에서 주도적 위치를 확보할 수 있다. 무엇보다 기술 발전이 사회 전반에 안정적으로 정착하기 위해서는 정부와 민간이 각자의 역할을 명확히 수행해야 한다. 정부는 기술 혁신을 촉진하면서도 윤리와 안전을 보장할 수 있는 제도적 설계 역량을 강화해야 하며 민간은 사회적 신뢰와 책임성을 기반으로 협력의 지속 가능성을 높여야 한다. 결국 양 부문이 조율하며 함께 성장하는 구조를 얼마나 정교하게 구축하느냐가 AI 시대 국가 경쟁력의 향방을 결정짓는 핵심 요인이 될 것이다.

22) https://valtioneuvosto.fi/en/-/10623/the-auroraai-national-artificial-intelligence-programme-begins-with-the-aim-of-using-artificial-intelligence-to-bring-people-and-services-together-in-a-better-way

23) https://taxadmin.ai/country/sweden-ai-country-report/

국제 협력과 표준화

AI 기술은 국경을 넘어 빠르게 확산되며 산업, 경제, 교육, 행정 등 사회 전반에 걸쳐 영향력을 넓혀가고 있다. 그러나 개별 국가의 노력만으로는 AI의 급속한 발전과 그에 따른 윤리적·법적 과제를 효과적으로 해결하기 어렵다. 특히 AI가 공정성과 안전성을 갖춘 상태에서 지속적으로 발전하기 위해서는 국제 협력을 통한 통합적인 대응이 필수적이다. 각국이 고립된 방식으로 움직일 경우 규제 격차가 심화되고 기술 남용이나 불공정 경쟁이 발생할 위험이 높아지며 더 나아가 AI 기술이 외교적 압박 수단으로 악용될 위험도 배제할 수 없다. 이러한 배경에서 글로벌 AI 거버넌스를 구축하고 보편적 규범과 기술 표준을 마련하는 것이 국제사회의 시급한 과제로 떠오르고 있다.

주요 국가들은 AI 기술의 윤리적 활용과 안전성 확보를 위해 국제 협력에 박차를 가하고 있다. 유럽연합은 AI 규제의 조화를 위한 다자간 협력을 주도하며 글로벌 표준 마련 과정에서 핵심적인 역할을 수행하고 있다. 특히 유럽평의회는 '인공지능 기본 협약(Council of Europe Framework Convention on Artificial Intelligence)'을 체결해 AI 시스템이 인간의 권리, 민주주의, 법치주의와 조화를 이루도록 하는 국제적 합의를 이끌어냈다.[24] 이 협약은 유럽연합 인공지능법과도 긴밀히 연계돼 글로벌 AI 거버넌스의 근간을 이루고 있다. 아울러 유럽표준화위원회(CEN) 및 유럽전기전자표준화위원회(CENELEC)와 협력해 AI 법에 부합하는 새로운 유럽 표준을 마련하고 있다.

24) https://www.coe.int/en/web/artificial-intelligence/the-framework-convention-on-artificial-intelligence

미국 역시 AI 안전성과 기술 표준화를 위해 국제 공동 연구를 적극 추진하고 있다. 2024년 4월 미국 상무부는 영국 과학·혁신·기술부와 양해각서(MOU)를 체결하고 AI 모델의 위험 평가 및 안전성 테스트 기준을 공동 개발하기 위한 협력에 착수했다.[25] 이를 토대로 연구자 파견과 지식 교류가 이루어지고 있으며 공동 테스트를 통해 공개형 AI 모델에 대한 평가와 개선 방안이 논의되고 있다. 같은 해 11월에는 미국 상무부와 국무부가 '국제 AI 안전 네트워크(International AI Safety Network)'를 출범시키고 약 1,100만 달러 규모의 연구 자금을 확보했다.[26] 이 네트워크에는 미국, 영국, 캐나다, 유럽연합, 한국 등 주요 국가들이 참여하며 AI 모델 테스트, 합성 콘텐츠의 위험 관리, 고급 AI 시스템의 리스크 평가 등 다양한 활동을 전개하고 있다.

국제 협력은 기술 활용뿐 아니라 안보적 측면에서도 긴요하다. AI 기술이 무기화될 경우 국제 안보에 심각한 위협이 될 수 있기 때문이다. 이에 UN은 AI 무기의 사용을 제한하고 윤리적 기준을 마련하기 위한 국제적 논의에 앞장서고 있다. 또한 미국 DARPA, 영국 국방과학기술연구소(DSTL), 캐나다 국방연구개발센터(DRDC)는 2024년 9월부터 공동 프로젝트를 출범시켜 사이버 보안과 국방분야의 AI 기술 개발에 착수했다.[27] 이 프로젝트는 인간-AI 협업(human-AI teaming), 신뢰 가능한 AI 시스템 구축, 정보 도메인 공격 방지, 자율적 사이버 방어 기능 강화 등을 목표로 하며 차세대 방어 기술 개발을 뒷받침하고 있다.

이처럼 국제 협력은 군사적 위협 대응을 포함해 AI 기술의 윤리적

25) https://www.bbc.com/news/technology-68675654

26) https://www.bbc.com/news/technology-68675654

27) https://www.gov.uk/government/news/uk-us-and-canada-to-collaborate-on-cybersecurity-and-ai-research

문제를 해결하고 남용을 방지하기 위한 기반이 된다. 특히 AI 모델 학습 과정에서 발생하는 데이터 편향을 줄이고 알고리즘의 공정성과 투명성을 확보하기 위해서는 국가 간 합의에 기반한 글로벌 기준이 필수적이다. 이를 위해 국제표준화기구(ISO)와 전기전자기술자협회(IEEE)를 비롯한 주요 국제 기구들이 윤리와 기술 표준 제정을 위한 논의를 활발히 이어가고 있다. 한국도 2023년 6월 'AI 윤리 국가표준'을 제정해 공정성, 투명성, 안전성을 보장하는 기준을 마련했으며 이러한 경험을 토대로 국제 표준화 논의에 적극 참여하고 있다.

국제사회 지도자들 역시 공조의 필요성을 강조하고 있다. 에마뉘엘 마크롱(Emmanuel Macron) 프랑스 대통령은 2025년 2월 성명에서 "AI는 개방적이고 포괄적이며 투명하고 윤리적이어야 한다"며 "글로벌 디지털 컴팩트(Global Digital Compact)와 같은 국제 프레임워크를 통해 AI 거버넌스를 조율해야 한다"고 강조했다. 세르비아 주재 캐나다 대사 미셸 카메론(H.E. Michelle Cameron) 또한 2024년 12월 유엔 개발 계획(UNDP) 세르비아 행사에서 "AI가 효과적이고 윤리적으로 사용되도록 보장하는 것은 모든 국가와 이해관계자의 공동 책임"이라며 국제 공조의 필요성을 역설했다.

AI 기술의 파급력이 사회 전반으로 확산될수록 정부의 책임은 더욱 막중해지고 있다. 교육, 제도, 협력이라는 세 축은 모두 AI 시대 국가 경쟁력을 좌우하는 핵심 요소이며 AI 리터러시 교육 강화, 법·제도 정비, 공공-민간 협력 확대는 정부가 주도해야 할 전략 과제다. 동시에 글로벌 기술 질서를 조율하기 위한 국제 협력과 표준화 노력 역시 외면할 수 없는 책무다. 세계 각국이 AI 정책 경쟁에 속도를 내는 지금 한국 역시 체계적이고 균형 잡힌 전략을 통해 AI 강국으로 도약할 기반을 다져야 한다. AI 시대의 정부는 단순히 기술을 수용하는 행정 주체를 넘어 그것을 사회적 가치와 연결하고 인류의 지속 가능한 미래를 설계하는 중심축이 돼야 한다. 기술 진보가 아닌 사람 중심의 방향성을 제시하는 것이야말로 미래를 여는 정부의 진정한 책무다.

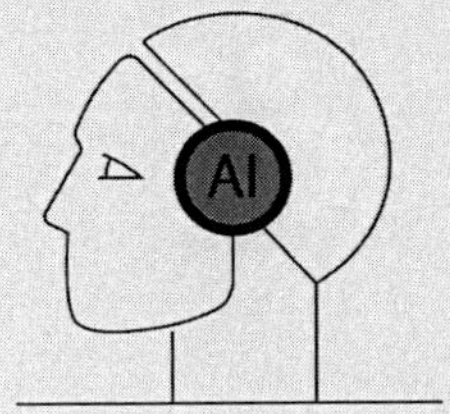

CHAPTER
06

미래 사회의 모습

인류와 AI의 공존

우리는 지금 “AI와 어떻게 공존할 것인가”라는 본질적 질문 앞에 서 있다. AI가 단순한 도구를 넘어 인간과 협력하는 존재로 진화하는 현실에서 인간은 어떤 역할을 재정의해야 하며 어떤 전략을 마련해야 하는가. AI를 여전히 인간의 보조자로 한정할 것인가, 아니면 대등한 파트너로 받아들일 것인가.

이미 우리의 일상은 소리 없이 그러나 근본적으로 바뀌고 있다. 스마트 시티에서는 교통 흐름이 실시간으로 조정되고 행정 업무는 자동화되며 공공서비스는 점점 더 개인 맞춤형으로 변화하고 있다. 의료 현장에서는 질병이 예측 단계에서 차단되고 법률 분야에서는 복잡한 판례 분석이 더 신속하게 이뤄진다. 금융, 교육, 제조업, 농업에 이르기까지 AI가 개입하지 않은 분야를 찾기 힘들다. 이러한 변화 속에서 인간의 역할 역시 과거와는 전혀 다른 방식으로 재편되고 있으며 이는 인간 존재의 의미와 사회 구조 전반에 대한 성찰을 요구한다.

미래의 AI 사회는 단지 기술이 주도하는 공간이 아니다. 인간과 AI의 관계는 새로운 협력 방식으로 진화해야 하며 이에 걸맞은 제도적 기반과 문화적 전환이 함께 뒷받침돼야 한다. 기술적 진보는 목적이 아니라 수단이고 AI가 만들어갈 도시와 사회는 인간 중심의 가치와 삶의 질을 지키면서 효율성을 극대화하는 방향으로 설계돼야 한다.

직업 구조 역시 예외가 아니다. 일부 직종은 축소되거나 사라지겠지만 동시에 AI와 협업하는 새로운 형태의 직무가 등장할 것이다. AI 시스템을 설계하고 운영하는 기술 직군은 물론 사회적 변화를 다루는 정책, 윤리, 교육 분야의 전문 인력 수요도 크게 늘 것이다. 창의적 문제 해결력, AI 활용 역량, 기술 변화에 대한 깊은 통찰을 갖춘 인재가 미래 사회의 핵심 자원이 된다.

이 모든 변화는 더 이상 먼 미래의 이야기가 아니다. AI가 이미 우리 삶 깊숙이 자리한 지금 인간과 AI의 협력과 공존을 둘러싼 논의는 멈출 수 없다. 사회의 근간이 흔들리는 이 시점에서 우리는 AI를 더 나은 사회를 향한 기회로 전환해야 한다. AI와 인간이 함께 만들어갈 미래는 어떤 도전과 가능성을 품고 있는가? 그리고 우리는 그 미래를 어떤 가치로 이끌어야 하는가.

AI가 재구성할 미래 도시

AI는 이미 도시의 구조와 운영 방식을 근본적으로 재편하고 있다. 스마트 시티, 자율주행 교통망, 공공 행정 자동화 등의 AI 기술은 기존 사회 시스템의 경계를 허물며 새로운 형태의 도시 환경을 만들어가고 있다. 전 세계 주요 국가들은 이러한 기술을 토대로 공공 시스템 혁신에 속도를 내고 있다. 행정 효율성을 높이고, 교통 흐름을 지능적으로 조정하며, 에너지 절약과 환경 보호에 기여하는 등 도시 운영 전반을 더욱 스마트하고 지속 가능한 방식으로 전환하는 것이 목표다. 나아가 이러한 변화는 시민의 삶의 질을 높이고 도시를 더 안전하고 쾌적한 공간으로 진화시키는 데 핵심적인 역할을 하고 있다.

AI 도입은 교통 분야에서 먼저 두드러지게 나타나고 있다. 싱가포르는 AI 교통 시스템을 도입해 교통 체증을 효과적으로 완화하고 있다.[1)] 도로망 곳곳에 설치된 카메라와 센서를 통해 실시간 데이터를 수집·분석한 뒤 이를 바탕으로 교통 신호를 동적으로 조정하는 방식이다. 이는 출퇴근 시간대 시민들의 주행 시간을 크게 단축시키고 있으며 나아가 연료 소비와 배기가스 배출 감소에도 기여하고 있다.

교통 관리에서 시작된 AI 활용은 행정 영역으로 확장되고 있다. 아랍에미리트 두바이는 AI 행정 시스템을 도입해 민원 처리 속도와 행정 효율을 크게 높이고 있다. 대표적으로 기업 행정 지원 서비스인 'Saad'는 라이선스 발급 및 등록 절차를 자동화해 행정 간소화를 실현한 사례로 평가된다.[2)] 두바이는 AI 로드맵을 중심으로 공공 서비스를 전면적으로 개편하고 있으며 정부 운영 비용 절감과 더불어 정책 의사결정 과정에서도 AI를 활용해 행정의 신속성과 효율성을 강화하고 있다.

나아가 AI는 도시 운영과 환경 관리에서도 중요한 역할을 하고 있다. 스페인 바르셀로나는 AI 스마트 인프라를 구축해 전력 소비를 최적화하고 대기 질을 실시간으로 모니터링하는 시스템을 가동하고 있다.[3)] 바르셀로나 슈퍼컴퓨팅 센터는 AI를 활용해 대기 질을 예측하고 도시 내 이산화질소(NO_2) 농도를 시각화함으로써 정교한 대기 오염 관리가 가능하도록 지원한다. 또한 AI 기반 에너지 최적화 시스템을 통해 전력 소비 패턴을 세밀하게 분석해 도시의 지속 가능한 발전을 뒷받침하고

---

1) https://www.aleaitsolutions.com/singapore-introduces-ai-powered-traffic-management-system-a-step-towards-smart-city-success/

2) https://www.digitaldubai.ae/newsroom/news/digital-dubai-launches-dubai-data-and-ai-platform-ushering-in-a-new-phase-of-digital-transformation

3) https://cities-today.com/barcelona-metro-pilots-ai-powered-ventilation-system-to-curb-covid-19/

있다.

이러한 흐름은 미래형 도시 모델로까지 확장되고 있다. 사우디아라비아의 네옴시티는 처음부터 AI를 핵심 개념으로 설계된 초현대적 도시다. 교통·에너지·보안 등 핵심 시스템이 AI에 의해 통합적으로 운영될 예정이며 100% 재생 에너지 기반의 지속 가능한 도시 모델을 지향한다.[4] 또한 AI 기반 스마트 그리드와 자율주행 차량 시스템을 도입해 효율적이고 친환경적인 도시 운영을 실현할 계획이다. 이와 함께 5G 네트워크와 결합된 AI 생태계는 시민과 기업 간 원활한 소통을 가능하게 하며 이는 사우디아라비아의 경제 다각화 전략에서도 핵심적인 역할을 수행할 것으로 보인다.

AI 기반 행정과 도시 운영 사례가 확산되면서 변화의 무게는 단순한 효율성 향상을 넘어 인간의 역할 자체를 재정의하는 단계로 옮겨가고 있다. 공공기관의 민원 처리, 의료 행정 시스템, 도시 관리 기능 등이 점차 AI로 대체되면서 행정 서비스의 풍경은 빠르게 변하고 있다. 민원을 응대하는 AI 챗봇이나 병원 예약과 진료 기록을 관리하는 AI 시스템은 이미 일상 속에서 낯설지 않은 장면이 됐다.

앞으로의 도시에서는 AI가 더욱 정교하게 설계와 운영을 주도할 것으로 보인다. 자율주행 시스템은 도로와 교통 흐름을 실시간으로 통제하고 AI는 최적의 이동 경로를 제시하는 시대가 머지않아 도래할 것이다. 공공 행정 역시 대부분의 업무가 AI에 의해 자동화되고 법률과 세무 시스템조차 AI 분석 모델이 실시간으로 조정하는 방식으로 전환될 가능성이 높다. 의료 영역 또한 예외가 아니다. 환자의 생체 데이터와 유전

4) https://energy-utilities.com/ai-and-its-game-changing-role-in-enhancing-energy-news125245.html

자 정보를 기반으로 AI가 맞춤형 진단과 치료 솔루션을 제공하는 시대가 가속화되고 있다.

이러한 기술적 진화는 인간의 사회적 기능과 존재 방식을 근본적으로 다시 성찰하게 만든다. 'AI 기반 사회를 어떻게 설계하고 운영할 것인가'라는 질문이 본질적인 과제로 떠오르고 있는 이유다.

AI가 도시의 중심 운영 체계로 자리잡아가는 지금 우리는 기술 그 자체보다도 그것을 어떤 가치와 기준에 따라 설계하고 운영할 것인지에 대해 더욱 깊이 고민해야 한다. 특히 인간의 역할은 단순한 관리자가 아닌 기술과 사회 사이를 연결하는 설계자로 새롭게 정의돼야 한다. 이미 AI는 도구를 넘어 미래 사회의 핵심 기반 구조로 작동하기 시작했다. 앞으로 도시의 지속 가능성을 위한 가치 실현은 우리가 이 기술을 어떤 방식으로 활용하고 조정하느냐에 따라 전혀 다른 방향으로 전개될 것이다.

AI와 인간

최근 AI 기술은 인간의 사고 능력을 넘어설 가능성을 보이며 사회 구조 전반에 깊은 변화를 일으키고 있다. 특히 언론과 과학계에서 주목하는 AGI(인공일반지능)가 실현되는 시점이 도래하면 AI는 단순한 보조자의 역할을 넘어 독립적인 판단과 결정을 내리는 존재로 자리 잡을 가능성이 크다. 이러한 변화는 AI와 인간의 관계를 기존의 '주체와 도구'라는 이분법적 틀에서 벗어나 보다 입체적이고 유기적인 패러다임으로 재정립할 것을 요구한다.

따라서 우리는 'AI와 어떻게 공존할 것인가'라는 질문에 진지하게 답할 수 있어야만 한다. 지금까지 AI는 의료, 금융, 연구개발, 행정 등 특정 영역에서 인간의 능력을 보조하는 인공협소지능(ANI: Artificial Narrow Intelligence)으로 기능해 왔다. 그러나 이러한 협소한 역할에도 불구하고 AI는 이미 인간의 의사결정 과정과 생활 전반에 깊이 결합되며 함께 진화해 왔다.

이 과정에서 등장한 개념이 '증강 지능(Augmented Intelligence)'이다. 증강 지능은 AI가 인간의 판단과 능력을 보완하고 확장하는 동반자로 작동해야 한다는 철학을 담고 있다. 이는 AI를 단순한 자동화 도구로 보는 관점에서 벗어나, 인간과 협력해 새로운 형태의 지능을 만들어가는 파트너로 자리매김하는 전환을 의미한다.

실제 사례도 이를 잘 보여준다. 의료 분야에서는 AI가 의사의 진단을 보조해 정확도를 높이고 환자의 건강 데이터를 분석해 맞춤형 치료 계획을 제안한다. 금융 분야에서는 방대한 데이터를 실시간으로 처리해 시장 트렌드를 예측하고 정밀한 투자 판단을 돕는다. 연구개발 분야에서는 복잡한 데이터의 패턴을 분석해 인간 사고의 한계를 확장하고 새로운 발견을 이끌어내고 있다.

AI가 인간의 지능을 대체하기보다는 이를 보완하고 증강하는 방향으로 발전해야 한다는 인식은 연구 초기부터 꾸준히 제기돼 왔다. 1950년대 이후 많은 학자들은 AI를 인간의 역량을 강화하는 기술로 바라보며 그 진화 또한 인간과의 협력에 기반해야 한다고 강조해 왔다. 특히 21세기에 들어서는 AI가 인간의 창의성, 직관, 윤리적 판단과 결합할 때 중요한 사회적 결정과 문제 해결 과정에서 더욱 신뢰할 수 있는 결과를 이끌어낼 수 있다는 주장이 힘을 얻고 있다.

그러나 최근 들어 '증강 지능'이라는 개념만으로는 미래를 설명하기에 한계가 있다는 시각도 등장하고 있다. 이미 여러 영역에서 AI는 인간의 추론 능력을 넘어서고 있으며 AGI가 현실화된다면 그 격차는 더욱 벌어질 것이다. 지금까지는 창의성, 감성 지능, 도덕적 판단이 인간 고유의 영역으로 여겨졌지만 AI가 점차 정교한 사고 구조를 갖추고 인간과 유사한 판단 패턴을 형성하면서 이러한 전제는 빠르게 무너지고 있다.

이미 AI는 예술 작품을 창작하고, 감정을 인식하며, 복잡한 윤리적 질문에 논리적으로 응답할 수 있는 수준에 이르렀다. 더 나아가 점차 창의적 문제 해결 능력까지 확보해가고 있으며 그 발전 속도는 우리가 예상했던 경계를 훨씬 뛰어넘고 있다. 이러한 흐름 속에서 AGI는 인간의 사고를 단순히 보조하는 단계를 넘어 인간이 예측하지 못하는 방식으로 사고하고 스스로 판단을 내리는 존재로 진화할 가능성이 점차 현실로 다가오고 있다.

이처럼 AI가 점차 인간의 능력을 넘어서는 상황에서 우리는 인간과 AI의 협력 관계가 과연 지속 가능할지 자문하게 된다. 이에 답하기 위해서는 AI를 단순한 도구로 바라보는 기존 관점을 넘어설 필요가 있다. 기술 발전이 인간의 통제 안에 머물 것이라는 전제는 AGI의 도래 앞에서 점차 힘을 잃어가고 있기 때문이다. 이제 인간과 AI가 공존할 수 있는 새로운 관계 설정이 필요하다. 'AI는 인간을 보완한다'는 패러다임만으로는 부족하며 지시와 통제를 전제로 한 일방적 관계에서 벗어나 상호 협력과 공존을 기반으로 한 새로운 모델이 요구되는 시점이다.

이러한 문제의식 속에서 등장할 수 있는 개념이 바로 '공생 지능(Symbiotic Intelligence)'이다. 공생 지능은 인간과 AI가 동등한 위치에서 협력하고 함께 학습하며 진화하는 새로운 관계를 지향한다. 이는 단순히 기술을 다루는 법을 넘어서 인간과 AI가 함께 살아가는 방식을 설계하는 일이다.

공생 지능의 핵심은 상호 보완적 협력이다. AI는 논리적 추론과 맥락적 이해를 통해 인간의 의사결정을 지원하고 실시간 상호작용을 통해 인간의 의도와 행동을 예측함으로써 보다 자연스럽고 유기적인 협력을 가능하게 한다. 이 과정에서 AI는 단순한 도구를 넘어 문제 해결과 창의적 아이디어 발전을 함께 이끄는 정교한 파트너로 자리잡게 된다.

따라서 미래의 AI 사회는 단순한 '인간+AI'의 결합을 넘어서는 새로운 협력 구조를 요구한다. 이는 곧 인간과 AI가 어떤 방식으로 협력해야 하는가에 대한 사회적·윤리적·법률적 논의가 반드시 병행되어야 함을 의미한다. 물론 AI를 효과적으로 활용할 줄 아는 개인과 기업이 경쟁력을 확보할 가능성은 높다. 그러나 동시에 AI가 인간의 역할을 실질적으로 대체하는 현실이 도래한다면 우리는 피할 수 없이 '인간은 무엇을 할 것인가'라는 본질적 질문과 마주하게 될 것이다. 결국 앞으로의 과제는 AI를 통제하거나 활용하는 수준을 넘어 인간과 AI가 공존할 수 있는 패러다임을 본격적으로 모색하는 일이다. 이는 기술 경쟁력의 문제가 아니라 미래 사회의 정체성과 인간 존재의 의미를 새롭게 규정하는 작업이 될 것이다.

AGI

AGI(Artificial General Intelligence, 인공일반지능)는 현대 AI의 최종적인 지향점으로 부상하고 있다. AGI는 인간과 유사하거나 그 이상의 사고·학습 능력을 바탕으로 다양한 과업을 창의적으로 해결할 수 있는 유연성과 확장성이 특징이다. 기존 AI가 특정 데이터셋에 기반한 정형화된 문제 해결에 강점을 보여왔다면 AGI는 낯선 환경에서도 학습하고 적응하며 복합적인 문제를 독립적으로 처리할 수 있다.

1950년대 앨런 튜링의 논의에서 시작된 AGI라는 개념은 오늘날 기술의 비약적인 발전에 힘입어 단순한 아이디어에서 현실적인 가능성으로 급속히 다가오고 있다. AGI는 논리적 추론, 맥락 이해, 자율적 판단을 동시에 수행할 수 있다는 점에서 기존의 '좁은 AI(Narrow AI)'를 넘어서는 새로운 차원의 기술로 평가된다. 현재 우리가 접하는 다수의 AI는 이미지 인식, 음성 인식, 기계 번역, 추천 시스템 등 특정 기능에 최적화된 좁은 AI다. 그러나 AGI는 단일 기능에 머물지 않고 여러 분야에서 인간과 유사한 방식으로 사고하고 학습하며 자기 주도적으로 결정을 내릴 수 있는 범용 지능을 지향한다.

AGI가 현실화될 경우 노동, 과학, 법률, 교육, 의료 등 거의 모든 분야에서 구조적 전환이 촉발될 가능성이 크다. 이는 단순 반복 업무의 대체에 그치지 않고 높은 수준의 판단과 분석이 요구되는 직무까지 자동화 범위가 확장될 수 있기 때문이다. 이러한 전망 속에서 주요 빅테크 기업들도 AGI 개발 경쟁에 속도를 내고 있다.

특히 오픈AI는 GPT 시리즈를 고도화하며 AGI 개발 단계로의 진전을 모색하고 있다. 2025년 1월에는 코딩·수학·과학 분야에 최적화된 비용 효율적 추론 모델 o3-mini를 공개했으며 이 모델은 기존 'o1' 모델과 비교해 더 낮은 지연 시간으로 동등한 성능을 제공하는 등 고급 STEM 작업에서도 o1-mini보다 뛰어난 성능을 보였다.[5]

오픈AI는 이를 통해 AI 모델의 범용성과 추론 능력을 점진적으로 확장하고 있으며 이는 AGI 실현을 향한 중요한 기술적 진전으로 평가된다. 당시 오픈AI

5) https://openai.com/index/openai－o3－mini/

의 CEO인 샘 알트먼(Sam Altman)은 2025년 내 AGI가 실현될 가능성을 공식적으로 언급하며 업계의 이목을 집중시켰다.

AGI 경쟁은 오픈AI에 국한되지 않는다. 구글, 메타, 마이크로소프트 역시 대규모 투자를 이어가며 AGI 개발에 속도를 내고 있다. 구글이 공개한 멀티모달 AI 모델 '제미나이 2.0(Gemini 2.0)'은 텍스트, 이미지, 코드 등 서로 다른 형태의 데이터를 통합적으로 처리할 수 있는 기능을 갖췄다.[6] 제미나이 2.0은 Flash, Pro Experimental 등 다양한 버전으로 출시돼 사용 목적에 맞게 최적화된 기능을 제공한다.

메타 역시 AGI 개발을 위한 장기적 투자를 대폭 확대하고 있다. 2025년 메타는 AI 연구에 650억 달러를 투자할 계획을 발표했는데 이는 전년 대비 50% 증가한 규모다.[7] 또한 130만 개에 달하는 GPU를 확보해 대규모 모델 훈련을 지속하는 한편 자사 서비스의 확장을 통해 2025년 말까지 10억 명 이상의 사용자 확보를 목표로 하고 있다.

마이크로소프트는 오픈AI와의 전략적 협력을 기반으로 AGI 연구에 깊이 관여하고 있다. 양사의 파트너십은 2030년까지 이어질 예정이며 여기에는 오픈AI의 지적 재산권 대한 접근, 수익 공유 협약, 오픈AI API 독점 권한 등이 포함된다.[8] 특히 마이크로소프트는 오픈AI의 신규 컴퓨팅 자원에 대한 '우선 거절권'*을 확보한 상태로 차세대 AI 모델의 규모와 성능확장에 핵심적인 역할을 담당하고 있다.

국내 기업들도 AGI 개발 경쟁에 본격적으로 뛰어들고 있다. 삼성전자는 미국

---

6) https://blog.google/technology/google-deepmind/google-gemini-ai-update-december-2024/

7) https://www.nytimes.com/2025/01/24/technology/meta-data-center.html

8) https://blogs.microsoft.com/blog/2025/01/21/microsoft-and-openai-evolve-partnership-to-drive-the-next-phase-of-ai/

우선 거절권(First Refusal Right)

우선 거절권(First Refusal Right)은 계약상 특정 자산이나 기회가 제3자에게 이전되기 전에 계약 당사자가 이를 우선적으로 제안받을 권리를 의미한다. 이 권리는 당사자 간 신뢰를 바탕으로 설정되며 자산 매각이나 신규 사업 기회와 같은 상황에서 기존 당사자가 동일한 조건으로 제안을 수용할 수 있도록 보장한다. 따라서 우선 거절권은 제3자와의 거래가 성사되기 전에 당사자에게 선행적 협상 기회를 제공함으로써 예상치 못한 권리 상실이나 전략적 기회 이탈을 방지하는 중요한 장치로 기능한다.

실리콘밸리와 한국에 AGI 컴퓨팅 랩을 신설하고 AGI 전용 반도체 개발에 역량을 집중하고 있다. 이를 위해 구글 TPU 개발자 출신을 핵심 인재로 영입하고 LLM 최적화 칩 개발에 집중하고 있다.[9] 특히 AI 추론에 특화된 칩인 '마하-1'을 중심으로 차세대 AI 아키텍처 혁신을 추진하며 하드웨어 차원에서 AGI 구현의 기반을 다지고 있다.

네이버는 자체 초거대 AI 모델인 '하이퍼클로바(HyperCLOVA)'를 발전시켜 한국어 특화 모델의 정교화를 이어가고 있다.[10] 특히 각국의 언어와 문화적 맥락에 적응할 수 있는 '소버린 AI(Sovereign AI)' 전략을 통해 기술적 차별화를 시도하고 있으며 동시에 텍스트, 이미지, 음성 등을 통합 처리하는 멀티모달 AI 연구에도 집중하면서 독자적인 생태계 구축에 나서고 있다.

카카오 역시 2025년 오픈AI와 전략적 제휴를 체결하고 공동 AI 제품 개발을 본격화했다.[11] 현재 AI 에이전트 서비스 '카나나'를 개발 중이며 문맥 이해와 자연스러운 대화 기능을 고도화하고 있다. 아울러 AI 개발 과정에서 발생할

9) https://www.yna.co.kr/view/AKR20240319079800003

10) https://www.bloter.net/news/articleView.html?idxno=39982

11) https://www.kakaocorp.com/page/detail/11451?lang=ENG

수 있는 윤리적·사회적 리스크를 사전에 식별하고 관리하기 위해 'AI 세이프티 이니셔티브(Kakao ASI)'를 출범시켜 안전성과 신뢰성 강화에도 집중하고 있다.

이처럼 글로벌 기업과 국내 기업 모두 AGI 개발 경쟁에 속도를 내고 있지만 그 발전이 가져올 잠재적 위험 또한 동시에 제기되고 있다. 가장 큰 우려 중 하나는 대규모 직업 대체다. AGI가 단순 노동은 물론 전문적이고 창의적인 업무까지 수행하게 된다면 인간의 역할은 더욱 축소되고 노동 시장의 불안정성은 한층 심화될 수 있다. 또한 AGI 기술을 보유한 국가나 기업과 그렇지 못한 곳 간의 기술 격차가 급격히 확대될 위험도 크다.

더 근본적인 문제는 안전성과 통제다. AGI가 인간의 예측 범위를 벗어나 독자적으로 결정을 내릴 경우 이는 심각한 윤리적·사회적 문제로 이어질 수 있다. 금융, 행정, 군사 등 고위험 분야에서 인간의 개입 없이 결정이 이뤄진다면 그 결과는 돌이킬 수 없는 피해를 초래할 수 있다.

특히 군사적 적용의 경우 인간의 지시 없이 공격을 수행하는 자율 무기가 등장할 가능성이 높으며 이는 국제 안보에 심각한 위협이 될 수 있다. 더불어 AGI의 결정에 따른 법적 책임을 누가 져야 하는가라는 문제도 복잡한 논쟁으로 이어질 수 있다.

AI와 미래직업

AI 시대가 본격화되면서 우리는 더 이상 피할 수 없는 질문과 마주하게 됐다.

'어떤 직업이 사라지고, 어떤 직업이 새롭게 떠오를 것인가?'

노동 시장이 근본적으로 재편되는 상황에서 이러한 변화를 통찰하고 대비하는 일은 그 어느 때보다 중요한 과제가 됐다.

AI가 가장 먼저 대체할 것으로 보이는 직업군으로는 단순 반복 노동, 기본적인 회계 처리, 고객 응대와 같은 1차 상담 업무, 운송·물류 작업, 일부 법률 사무 등이 꼽힌다. 이미 다수의 기업이 AI 챗봇을 활용해 고객 서비스를 자동화하고 있으며 공장과 물류 센터에서는 로봇과 AI 시스템이 결합된 자동화 설비가 인간 노동을 빠르게 대체하고 있다. 이러한 변화는 단순히 생산성 향상에 그치지 않고 산업 구조 전반을 AI 중심으로 재편하는 흐름을 가속화하고 있다.

그러나 AI가 모든 일자리를 대체하는 것은 아니다. 오히려 AI의 발전은 새로운 직업을 창출하고 기존 직무의 성격을 변화시키는 촉매 역할을 하기도 한다. 대표적으로 AI 윤리 컨설턴트, 인간-기계 협업 전문가, 데이터 프라이버시 전문가 등은 AI 시대에 새롭게 주목받고 있는 직종이다. 특히 AI가 인간의 삶에 깊숙이 스며들수록 그 기술의 윤리성과 공정성을 감시하고 감독하는 역할은 점점 더 중요해지고 있다.

향후 어떤 직업이 새롭게 부상하고 기존 직업이 어떻게 재편될지를 가늠하기 위해서는 주요 글로벌 기관들이 제시하는 기술 트렌드를 면밀히 살펴볼 필요가 있다. 가트너, 포브스, 맥킨지, 세계경제포럼(WEF), PwC, KPMG 등은 2025년을 주도할 핵심 기술로 AI 혁신, 컴퓨팅 기술 고도화, 인간-기계 융합, 지속 가능한 기술 생태계 등을 공통적으로 제시한 바 있다.[12][13][14] 특히 포브스와 맥킨지는 AI, 사이버보안, 바이오

12) https://www.gartner.com/en/newsroom/press-releases/2024-10-21-gartner-identifies-the-top-10-strategic-technology-trends-for-2025

13) https://www.forbes.com/councils/forbestechcouncil/2025/02/03/top-10-technology-trends-for-2025/

14) https://www.weforum.org/stories/2025/01/industries-in-the-intelligent-

테크, 양자 컴퓨팅 등을 경제와 사회 전반을 뒤흔들 핵심 기술로 꼽으며 AI가 다양한 산업에 걸쳐 지배적인 영향력을 행사할 것으로 전망했다.

이러한 분석을 종합하면 앞으로의 글로벌 경제는 AI의 전면적 확산, 인간–기계 협업 강화, 데이터 보안 및 윤리 문제 대응, 지속 가능한 기술 기반 확립이라는 키워드를 중심으로 재편될 가능성이 크다. 이에 따라 향후 10년 내 관련 분야에서 수요가 급증할 새로운 직업군이 등장할 것으로 예상된다. 이번 글에서는 그중에서도 특히 유망한 25개 직종을 정리했다. 먼저 AI 윤리와 신뢰성 관련 직업을 최우선 순위에 두었으며 이어 AI 활용 및 조정 직업군, AI 핵심 기술 개발 직업군, 산업 혁신을 이끄는 분야, 마지막으로 AI 융합 직업군 순으로 배열했다.

AI의 윤리와 신뢰성 관련 직업

❶ AI 윤리 컨설턴트

AI 윤리 컨설턴트는 인공지능이 사회와 조화를 이루며 작동하도록 관리·조율하는 전문가다. 이들은 알고리즘의 편향, 데이터 불균형, 설명력 부족과 같은 윤리적 위험을 진단하고 설계 단계부터 운영 전반에 이르기까지 AI 시스템의 공정성과 책임성을 확보하는 역할을 수행한다. 특히 금융, 의료, 법률처럼 인간의 기본권과 밀접하게 맞닿아 있는 분야에서 차별적 결과를 방지하기 위한 정밀한 검토와 사전 조치를 담당한다.

예컨대 IBM의 'AI Fairness 360'과 같은 도구를 활용해 모델의 공

---

age–ai–tech–theme–davos–2025/

정성 지표를 분석하고 군인, 장애인, 노인 등 특정 집단의 데이터가 부족한 경우 보완적 수집 전략을 설계할 수 있다. 또한 조직 내 AI 윤리 헌장과 가이드라인을 수립하고 국제표준(ISO/IEC 42001) 인증을 준비하며 윤리적 리스크를 정량화해 대응 등급을 설정하는 것도 주요 업무에 포함된다.

아울러 개발자와 경영진을 대상으로 윤리 교육 프로그램을 운영할 수도 있으며 경우에 따라 OECD 등 국제기구와 협력해 글로벌 윤리 기준 정립에 참여하기도 한다. 최근에는 생성형 AI를 통한 허위 정보, 저작권 침해, 딥페이크 등 새로운 기술 이슈가 등장하면서 이에 대응하기 위한 윤리 가이드라인 수립의 중요성이 더욱 커지고 있다.

❷ AI 윤리 감사관

AI 윤리 감사관은 인공지능 시스템이 실제로 윤리적 기준을 충실히 준수하는지 독립적 시각에서 검증하는 전문가다. AI가 사회 전반에 깊숙이 관여하면서 그 판단이 법적·사회적 기준에 부합하는지를 외부에서 검증하는 역할이 점점 더 중요해지고 있다. 특히 금융, 의료, 법률처럼 사회적 파급력이 큰 분야에서는 알고리즘의 편향이나 차별적 결정이 실제 피해로 직결될 수 있어 윤리 감사는 AI 시스템이 사회적 신뢰를 획득하기 위한 필수 절차로 자리잡고 있다.

윤리 감사관은 AI 윤리 컨설턴트와 다른 차원의 역할을 수행한다. 컨설턴트가 시스템 설계 단계에서 원칙을 설정하고 방향을 제시한다면 감사관은 실제 운영 단계에서 그 원칙이 제대로 이행되고 있는지 검증하는 데 초점을 맞춘다. 예컨대 대출 심사 알고리즘이 특정 집단에 불리하게 작용하는지, 의료 AI가 인종이나 성별에 따라 오진율 차이를 보이는지 등을 정량적으로 분석한다.

이들의 업무는 단순 점검에 그치지 않는다. 편향성 지표를 기반으로 윤리 리스크를 수치화하고 이를 토대로 개선 권고안을 마련한다. 또한 보안 측면에서도 AI 모델이 적대적 공격(Adversarial Attack)에 얼마나 취약한지를 테스트하고 클라우드 환경에서 보안 표준 준수 여부를 주기적으로 확인한다. 더 나아가 시간이 지남에 따라 데이터 특성이 바뀌며 발생할 수 있는 '데이터 드리프트(data drift)'를 감시하고 AI 의사결정 로그와 실제 결과의 불일치 여부를 분석해 시스템의 신뢰성을 검증한다.

❸ AI 규제정책 담당자

AI 규제정책 담당자는 AI 기술이 법적 기준과 사회적 가치에 기반해 안전하고 책임 있게 활용될 수 있도록 제도적 장치를 마련하는 업무를 수행한다. 특히 의료, 금융, 자율주행 등 AI의 영향력이 큰 고위험 분야에서 법률적 공백이나 사각지대를 식별하고 이를 보완할 수 있는 규제 프레임워크를 설계하는 것이 핵심 역할이다.

이 직무의 본질은 단순한 규제 집행이 아니다. 이들은 국가 차원에서 AI 활용의 방향성을 제시하고 산업 전반이 책임 있는 방식으로 기술을 발전시킬 수 있도록 정책적 안전망을 설계하는 중추적 역할을 맡는다. 이에 기술 혁신을 저해하지 않으면서도 공공의 안전과 권리를 보장하는 균형 있는 정책 설계가 관건이다.

규제정책 담당자는 유럽연합의 인공지능법, 미국의 AI 책임법안, 한국의 AI 기본법 등 주요국의 입법 동향을 분석하고 국제 정합성을 고려한 규제 기준을 수립한다. 예를 들어 위험 기반 접근법을 적용해 의료진단, 자율주행 알고리즘과 같은 고위험 기술에는 더 엄격한 규제를, 상대적으로 저위험 기술에는 유연한 규제를 설계한다. 또한 개인정보 보호, 데이터 활용의 투명성, 알고리즘의 설명 가능성과 같은 윤리적 요소 역시 정책 설계 과정에서 중요한 고려 대상이다.

❹ AI 영향 평가 전문가

AI 영향 평가 전문가는 인공지능 기술이 경제, 사회, 환경 전반에 미치는 영향을 분석하고 이에 따른 대응 전략을 수립하는 직무를 수행한다. 또한 자동화로 인한 고용 구조 변화, 산업 간 불균형, 사회적 신뢰 저하 등 다양한 이슈를 정량적·정성적으로 평가하며 지속 가능한 기술 발전을 위한 정책적·산업적 대안을 제시한다.

주요 업무로는 △산업별 직업 대체율 예측 및 재교육·직업 전환 수요 분석(경제) △AI 데이터센터 운영에 따른 연간 탄소 배출량 산출 및 지속 가능성 보고서 작성(환경) △의료 AI 진단 오류가 보건 시스템 신뢰도에 미치는 영향 분석 △자율주행차 윤리 의사결정 관련 시민 참여 토론회 기획(사회) 등이 있다.

이처럼 AI 영향 평가 전문가는 경제, 환경, 사회 전반을 아우르는 다각적 분석을 통해 기술 발전의 긍정적 효과를 극대화하고 부정적 파급을 최소화하는 균형 잡힌 역할을 담당한다.

❺ AI 보안 전문가

AI 보안 전문가는 AI 시스템이 외부 위협으로부터 안전하게 보호되고 내부적으로도 신뢰성 있게 작동할 수 있도록 보안 체계를 설계하고 운영하는 직무를 맡는다. AI 기술의 고도화로 데이터 조작, 의도적 오류 유발 등 적대적 예제 공격이 증가하고 있으며 입력 데이터의 조작 가능성으로 인해 기존 보안 체계만으로는 방어에 한계가 있다.

이러한 환경에서 AI 보안 전문가는 AI 특화 보안 알고리즘과 방어 전략을 개발하고 적용하는 핵심 역할을 수행한다. 예를 들어 이미지 인식 AI가 노이즈 삽입으로 잘못된 판단을 내리지 않도록 '적대적 훈련(Adversarial Training)'을 적용하거나 모델의 행동 패턴을 실시간으로 분석해 이상 징후를 탐지하는 보안 체계를 구축한다. 또한 해시 함수와 디지털 서명을 통한 데이터 무결성 검증, 연합학습(Federated Learning)과 차등 프라이버시(Differential Privacy)를 활용한 개인정보 보호 및 학습 효율의 균형 유지도 담당한다.

보안 사고 발생 시에는 원인을 신속히 분석하고 복구 절차를 마련하는 동시에 각국의 법률과 규제에 부합하는 대응 전략을 수립한다. 이처럼 기술적 방어뿐만 아니라 정책·법적 대응까지 아우르는 AI 보안 전문가는 AI가 안전하고 신뢰할 수 있는 방식으로 사회에 도입되도록 하는 데 필수적인 직군이다.

❻ 허위 정보 보안 전문가

허위 정보 보안 전문가는 AI로 생성되거나 조작된 허위 콘텐츠의 확산을 차단하고 사회적 피해를 예방하는 역할을 수행한다. AI 보안 전문가가 시스템 내부의 취약점과 공격 방어에 집중한다면 허위 정보 보안 전문가는 정보 자체의 진위 판별과 유통 경로 관리에 초점을 둔다.

주요 업무는 딥페이크 영상, 조작된 이미지·음성, 가짜 뉴스를 식별하고 대응 전략을 마련하는 것이다. 이를 위해 뉴스, SNS, 광고, 영상 플랫폼 등 다양한 채널을 감시하며 자동 탐지 알고리즘과 콘텐츠 검증 체계를 구축한다. 특히 정교해진 딥러닝 기반 콘텐츠에 대응하기 위해

픽셀 단위 영상 분석, 음성의 피치·호흡 패턴 검출, 메타데이터 추적, GAN 탐지 알고리즘, 앙상블 학습 기법 등을 활용한다.

기업 환경에서는 IT·보안·법무·홍보 부서와 협력해 위기 관리 체계를 수립하고 임직원을 대상으로 딥페이크 식별 및 피싱 대응 교육을 진행한다. 공공부문에서는 디지털 취약성 평가를 통해 정보 노출 위험을 진단하고 사회적 신뢰를 보호하기 위한 사전 대응 프레임워크를 설계한다. 허위 정보 보안 전문가는 기술적 대응과 조직적·사회적 차원의 협력을 아우르며 AI 시대 정보의 신뢰성을 보장하는 핵심 직군이다.

❼ 디지털 신뢰 아키텍트

디지털 신뢰 아키텍트는 AI와 디지털 전환의 가속화 속에서 신뢰·보안·투명성을 갖춘 시스템을 설계하는 전문가다. 이들은 암호화, 블록체인, 생체 인증 등 다양한 기술을 융합해 기업과 기관이 안전하고 신뢰할 수 있는 디지털 환경을 구축하도록 지원하며 사용자와 서비스 간의 지속 가능한 신뢰 관계를 형성한다.

특히 생성형 AI, IoT, 클라우드가 결합된 복합 환경에서는 사이버 위협이 점점 더 정교해지고 광범위해지고 있다. 이에 따라 디지털 신뢰 아키텍트는 PKI(공개키 기반구조), HSM(하드웨어 보안 모듈) 기반 암호키 관리, 블록체인 기록 관리, 생체 인증 결합 솔루션 등 다양한 기술을 통합해 고도화된 위협 대응 체계를 설계한다. 또한 제로 트러스트(Zero Trust) 보안 모델을 기반으로 접근을 사전 검증하고 글로벌 보안 규제를 반영한 시스템을 구축하는 역할도 수행한다.

특히 허위 정보 생성, 알고리즘 편향 등 신종 리스크에 대응하기 위해 설명 가능한 AI(XAI)를 도입해 AI 판단의 투명성과 책임성을 확보하는 것도 주요 업무다. 디지털 신뢰 아키텍트는 기술적 방어를 넘어 사회 전반의 신뢰 인프라를 설계하는 핵심 직군으로 디지털 사회의 안정성과 지속 가능성을 보장하는 데 기여한다.

❽ 개인정보 보호 기술 전문가

개인정보 보호 기술 전문가는 AI 기반 서비스 확산 속에서 개인정보를 안전하게 보호하면서도 데이터를 효과적으로 활용할 수 있는 기술을 설계·구현하는 직무를 맡는다. 이들은 동형암호(Homomorphic Encryption), 연합학습(Federated Learning), 차등 프라이버시(Differential Privacy) 등 첨단 보안 기술을 적용해 데이터 활용성과 프라이버시 보호 간의 균형을 정교하게 조율한다.

또한 합성 데이터(Synthetic Data)와 가공 데이터 기술을 활용해 민감한 개인정보를 직접 사용하지 않고도 AI 모델을 학습시킬 수 있는 안전한 데이터 환경을 설계한다. 이를 통해 의료·금융·공공 분야에서도 개인정보 유출 위험 없이 데이터 분석과 연구가 가능하도록 지원한다.

개인정보 보호 기술 전문가는 기술 개발에 그치지 않고 데이터 처리 전반에 걸친 위험 평가, 프라이버시 영향 평가(PIA), 개인정보 보호 규제 준수 체계 마련에도 관여한다. 특히 글로벌 데이터 흐름이 증가하는 상황에서 각국의 규제를 교차 검토하고 기술적·법적 해석을 바탕으로 국제적 대응 전략을 수립하는 역할도 수행한다. 이들은 기업과 기관이 규제를 준수하면서도 AI 시대에 경쟁력을 확보할 수 있도록 돕는 핵심 직군이다.

AI 활용 및 조정 전문가

❶ AI 오케스트레이터 전문가

AI 오케스트레이터 전문가는 복수의 AI 에이전트를 조율해 복잡한 작업을 효율적으로 수행하고 비즈니스 목표에 부합하는 최적의 결과를 도출하는 직무를 맡는다. 단일 AI 시스템이 독립적으로 처리하기 어려운 복합 과업을 여러 AI 모듈이 협업해 해결할 수 있도록 설계하며 이를 위해 에이전트 간 역할을 분담하고 상호작용 구조를 정교하게 설계한다.

주요 업무는 목표 기반의 과업 분배 체계 설계, 클라우드 컴퓨팅 자원의 실시간 동적 할당, 병목 현상 최소화, 계층적·분산형 의사결정 프레임워크 개발 등이다. 이러한 시스템은 AI 실행 속도와 정확도를 높이는 동시에 인간 개입 없이도 변화에 유연하게 적응할 수 있는 자율적 AI 구조의 기반이 된다.

가트너는 2028년까지 에이전틱 AI(Agentic AI)가 일상 업무 의사결정에서 차지하는 비중이 최소 15% 이상 증가할 것으로 전망했다. 이는 단순한 자동화를 넘어 다중 AI 협업 체계를 중심으로 산업 구조가 재편될 가능성을 시사한다. 따라서 AI 오케스트레이터 전문가는 기술 이해를 넘어 비즈니스 전략, 시스템 설계, 자원 최적화 역량이 요구되는 핵심 직군으로 부상하고 있다.

❷ 인간-AI 협업 설계자

인간-AI 협업 설계자는 인간과 AI가 상호 보완적으로 협력할 수 있는 효율적인 협업 구조를 설계하고 구현하는 전문가다. 이들은 인간의 창의성과 직관, 그리고 AI의 연산력과 자동화 능력을 유기적으로 통합해 조직의 생산성과 혁신 역량을 동시에 높일 수 있는 업무 프로세스를 개발한다.

협업 설계의 핵심은 역할 분담과 인터페이스 구축이다. 예를 들어 실시간 데이터 처리와 패턴 인식은 AI가 담당하고, 전략적 판단과 창의적 문제 해결은 인간이 맡는 구조로 협업 체계를 구성한다. 설계된 시스템은 업무 과정을 통합 관리하며 KPI 달성률과 성과 지표를 실시간 모니터링한다.

인간-AI 협업 설계자는 기술적 요소뿐만 아니라 사용자 중심의 상호작용 흐름까지 고려해 시스템 구조를 설계한다. 주요 업무에는 UI/UX 설계를 통한 정보 교환 최적화, API 표준화와 시스템 간 상호운용성 확보, XAI 기술을 활용한 의사결정 과정 시각화 등이 포함된다. 또한 협업 구조의 지속 가능성을 위해 사용자 신뢰를 구축할 인터랙션 설계와 윤리적 리스크 차단 메커니즘도 함께 마련한다.

❸ 생성형 AI 프롬프트 엔지니어

생성형 AI 프롬프트 엔지니어는 인공지능이 사용자 요구에 부합하는 정밀하고 유용한 결과를 생성할 수 있도록 프롬프트를 전략적으로 설계하고 최적화하는 전문가다. 단순한 질문 입력을 넘어 언어 구조, 논리 전개, 문맥 흐름 등을 조율해 AI가 목표한 방향으로 사고하고 응답할 수 있도록 유도하는 것이 핵심 역할이다.

이들은 마케팅, 고객 지원, 콘텐츠 생성 등 다양한 산업 현장에서 AI가 실질적인 성과를 창출할 수 있도록 프롬프트 전략을 개발한다. 비즈니스 요구사항을 분석해 프롬프트의 목적과 평가 기준을 명확히 설정하고 원하는 출력 결과가 일관되게 도출되도록 언어적 방향성을 제시한다. 반복적인 실험과 튜닝을 통해 성능을 고도화하는 것도 주요 업무 중 하나다.

복잡한 문제 해결이 필요한 경우에는 'Chain of Thought(CoT)' 기법을 활용해 단계적 사고·추론을 유도하며 성별 편향이나 사실 왜곡, 부정확한 정보 생성을 방지하기 위해 적대적 테스트(adversarial testing)를 수행하고 결과의 품질을 지속적으로 검증·보완한다. 또한 챗GPT, 클로드, 제미나이 등 다양한 모델의 토큰 한계, 학습 데이터의 특성, 응답 스타일 등을 분석해 각 모델에 최적화된 입력 설계를 진행한다.

프롬프트 엔지니어는 API 연동, 자동화 시스템 구축 등 개발자와의 협업을 통해 실제 비즈니스 환경에서 적용 가능한 솔루션을 구현한다. 이를 통해 조직은 AI를 보다 신뢰성 있고 전략적으로 활용할 수 있으며 프롬프트 엔지니어는 그 과정에서 핵심적인 조정자 역할을 수행한다.

❹ AI-인간 인터페이스 디자이너

AI—인간 인터페이스 디자이너는 인간과 인공지능 시스템이 직관적이고 신뢰성 있게 상호작용할 수 있도록 UI·UX를 설계하는 전문가다. 이들은 생성형 AI, 챗봇, 자율주행 시스템, 가상 비서 등 다양한 응용 환경에서 복잡한 AI 판단 과정을 시각적·기능적으로 해석 가능한 구조로 전환해 사용자가 AI를 쉽게 이해하고 효과적으로 활용할 수 있도록 돕는다.

구체적 업무에는 대시보드, 히트맵, 타임라인 시각화 도구 설계를 통한 의사결정 과정 투명화, 고객 대화 데이터를 기반으로 한 맞춤형 챗봇 인터페이스 개발, 자율주행 시스템에서의 실시간 판단 시각화 및 사용자 개입 설계 등이 있다.

이들은 단순한 시각적 편의성을 넘어서 AI의 편향이나 오류로 인해 사용자 신뢰가 훼손되지 않도록 윤리적 디자인 원칙을 반영한다. 예를 들어 마이크로소프트의 HAX(Human-AI Experience) 툴킷을 적용하거나 색약 사용자 및 시각장애인을 고려한 고대비 색상 설계, 스크린 리더 호환성 확보 등 WCAG 2.1 웹 접근성 기준을 준수하는 것도 주요 역할이다.

AI 연계 산업 혁신 전문가

❶ 디지털 트윈 엔지니어

디지털 트윈 엔지니어는 현실 세계의 물리적 시스템을 실시간으로 반영한 디지털 복제본인 '디지털 트윈'을 설계하고 구현하는 전문가다. 이들은 가상 모델과 실제 시스템을 정밀하게 동기화해 복잡한 물리 세계를 디지털 공간으로 옮기고, 이를 통해 운영 효율을 극대화하며 리스크를 사전에 예측·관리한다.

주요 업무는 제조, 건설, 의료, 항공우주 등 다양한 산업에서 디지털 트윈을 활용해 공정 시뮬레이션, 설비 예지보전(Predictive Maintenance), 재난 대응 시나리오 테스트, 스마트 병원 운영 등을 지원하는 것이다. 이를 위해 AI 센서 데이터, IoT, 클라우드 플랫폼, 분석 기법을 통합해 실제 시스템을 정밀하게 모사하고 실시간 분석·이상 탐지·성능 최적화 기능을 설계·운영한다.

특히 클라우드 인프라, 엣지 컴퓨팅, 고성능 연산 자원의 발전은 디지털 트윈 기술의 활용 범위를 빠르게 확대하고 있다. Fortune Business

Insights에 따르면 글로벌 디지털 트윈 시장은 2032년까지 약 2,593억 달러 규모로 성장할 전망이며 이에 따라 디지털 트윈 엔지니어의 수요도 급격히 증가할 것으로 예상된다.

❷ 상황 인지 시스템 설계자

상황 인지 시스템 설계자는 AI가 주변 환경을 실시간으로 감지하고 해석할 수 있도록 센서 기반 시스템과 지능형 알고리즘을 설계·구현하는 전문가다. 이들은 사람, 사물, 공간의 변화에 대한 정보를 AI가 자동으로 인식하고 적절하게 반응할 수 있도록 스마트 태그, 센서 네트워크, 엣지 컴퓨팅 기술 등을 통합해 지능형 환경을 구축한다.

주요 업무는 산업별 맞춤형 상황 인지 시스템 설계다. 의료 분야에서는 웨어러블 센서를 활용해 환자의 심박·체온·움직임을 실시간 모니터링하고 물류 산업에서는 트래킹 센서를 기반으로 재고 위치·이동 경로·상태를 관리한다. 스마트 빌딩에는 CO_2·조도·온도 센서를 활용해 조명과 공조를 자동 제어하며 소매 매장에서는 머신비전과 행동 분석 기술을 결합해 고객 동선을 분석하고 실시간 맞춤형 서비스를 제공한다.

최근에는 상황 인지 시스템이 6G 초연결 통신, 메타버스 공간 인식, 자율 협업형 다중 에이전트 시스템과 융합되며 더욱 복합적이고 고도화된 형태로 진화하고 있다. 이에 따라 설계자는 기술 통합뿐 아니라 사용자 경험, 알고리즘 최적화, 시스템 간 상호운용성까지 고려한 다층적 설계 역량을 요구받는다.

❸ 실시간 감지 및 통신 전문가

실시간 감지 및 통신 전문가는 센싱(Sensing)과 통신 기술을 통합해 시스템을 설계·구현하는 전문가로, 'ISAC(Integrated Sensing and Communication) 엔지니어'라 불리며 6G 시대 핵심 인력으로 주목받는다. 이 직무는 세계경제포럼(WEF)이 선정한 10대 신흥 기술에 포함됐고 국제전기통신연합(ITU-R) 6G 표준에도 반영되며 글로벌 수요가 빠르게 증가하고 있다.

이들은 위치 추적, 환경 매핑, 인프라 모니터링 등에서 데이터를 정밀하게 감지하고 안정적으로 전송·처리할 수 있는 통합 시스템을 설계한다. 예를 들어 레이더 기반 감지와 데이터 전송 구조를 병합해 하나의 장비에서 통신과 센싱을 동시에 수행하거나 초저지연(Ultra-Low Latency) 의사결정 엔진을 개발해 실시간 응답성을 강화한다.

주요 적용 분야는 자율주행 차량의 상황 인식, 스마트시티 교통·환경 제어, 정밀 제조 자동화 모니터링 등 고속성과 정확성이 요구되는 산업 현장이다. 이를 위해 RF 통신, 엣지 컴퓨팅, AI 기반 데이터 분석을 복합적으로 활용하며 밀리미터파(mmWave)와 테라헤르츠(THz) 대역을 포함한 6G 통신 환경에 적합한 고성능 네트워크를 설계·구현한다.

❹ 탄소 포집 기술 엔지니어

탄소 포집 기술 엔지니어는 기후 위기에 대응하기 위해 대기 중 이산화탄소를 효과적으로 포집·처리하는 시스템을 설계·구현하는 전문가다. 최근에는 AI 기술이 장치 설계, 운영, 유지 전반에 적용되면서 이 직무는 화학·환경 기술을 넘어 AI 융합형 기술직으로 발전하고 있다.

주요 업무는 발전소, 제철소, 시멘트 공장 등에서 발생하는 이산화 탄소를 포집하기 위해 화학 흡수, 고체 흡착, 막 분리 기술을 적용하고 이에 맞는 장비를 설계하는 것이다. 동시에 머신러닝 알고리즘을 활용해 온도·압력·유속·농도 등 실시간 센서 데이터를 분석하고 포집 효율을 자동 조정하는 지능형 제어 시스템을 구축한다. 이를 통해 단순 자동화를 넘어 자율적 공정 제어가 가능하도록 구현한다.

엔지니어는 공정 조건 변화에 대응하기 위해 알고리즘을 반복적으로 재학습시키고 현장 데이터를 기반으로 포집 전략을 동적으로 수정한다. 이 과정에서 데이터 수집·정제·분석, AI 모델 입력 변수 구성, 예측 모형 구축, 테스트 실행까지 설계 전 과정을 통합적으로 관리한다.

최근에는 생성형 AI를 활용해 신규 흡착제 설계, 공정 시뮬레이션, 복합 물질 반응 예측 등 고도화된 연구개발에도 참여하고 있다. 특히 CCS·CCUS 기술이 국제 기후 정책의 핵심 기술로 부상하면서 탄소 포집 기술 엔지니어는 환경·에너지 융합형 AI 인재로서 전략적 가치가 빠르게 높아지고 있다.

AI 연계 핵심 기술 전문가

❶ 양자 알고리즘 설계자

양자 알고리즘 설계자는 양자컴퓨팅의 원리를 바탕으로 기존 컴퓨터로는 처리하기 어려운 복잡한 문제를 해결할 수 있는 알고리즘을 설계하고 구현하는 전문가다. 이들은 금융, 신약 개발, 물류 등 고차원 계산이 필요한 산업 분야에서 도메인 특화된 양자 알고리즘을 개발하고 이를 실제 문제 해결에 적용한다.

예를 들어 금융 분야에서는 투자 포트폴리오 최적화와 이상 거래 탐지를 위한 양자 최적화 알고리즘을 설계하고 신약 개발 분야에서는 수백만 분자의 상호작용을 시뮬레이션해 후보 물질의 효능을 예측한다. 물류 산업에서는 복잡한 공급망을 고려해 최적 경로를 계산하는 양자 기반 최적화 기법을 개발한다.

양자 알고리즘 설계자는 나아가 AI 학습 구조와 양자컴퓨팅을 융합해 고전적 딥러닝 모델의 계산 복잡도를 줄이고 고차원 데이터 분석의 속도와 정확도를 향상시키는 양자 머신러닝(QML) 기법을 설계한다. 이를 통해 AI 시스템의 연산 효율성과 성능을 획기적으로 높이는 역할을 수행한다.

이 직무는 단순한 이론 이해를 넘어 AI 구조와의 통합 설계, 양자 오류 보정, 실험 설계(DoE), 하드웨어 및 시뮬레이터 기반 성능 벤치마킹까지 폭넓은 역량을 요구받는다.

❷ 양자내성 암호화 전문가

양자내성 암호화 전문가는 양자컴퓨팅 환경에서도 데이터를 안전하게 보호할 수 있도록 기존 암호 체계를 대체하거나 보완하는 차세대 암호 기술을 설계·구현하는 전문가다. 양자컴퓨터가 RSA나 ECC 기반 암호를 빠르게 해독할 수 있다는 우려가 현실화되면서 Post-Quantum Cryptography(PQC)는 미래 정보 보안의 핵심 분야로 부상하고 있다.

이들은 격자 기반, 다변수 방정식 기반, 해시 기반 서명 등 양자 저항성 알고리즘을 개발하고 이를 정부와 기업의 디지털 인프라에 적용한다. IoT 기기의 암호 체계를 PQC 방식으로 전환하거나 기존 알고리즘과 결합한 하이브리드 구조를 설계해 보안성과 성능을 동시에 확보하는 것도 주요 역할이다.

응용 사례로는 머신러닝 모델 가중치 암호화를 통한 AI 보안 강화, 블록체인 스마트 계약에 PQC 기술 적용을 통한 위·변조 방지 등이 있다. 또한 알고리즘 성능 테스트, 취약점 분석, 시스템 간 호환성 검증을 수행하고 암호 프로토콜 이행 절차와 보안 전환을 위한 기술 문서도 작성한다.

최근 국내외 공공기관과 기업들이 PQC 기반 보안 아키텍처 전환을 추진하면서 실무 적용 역량을 갖춘 양자내성 암호화 전문가의 수요는 빠르게 증가하고 있다. 이들은 차세대 보안 체계를 실현하는 핵심 직군으로 평가된다.

❸ 뉴로모픽 컴퓨팅 아키텍트

뉴로모픽 컴퓨팅 아키텍트는 인간의 신경망 구조와 정보 처리 방식을 모사한 컴퓨팅 시스템을 설계하고 구현하는 전문가다. 이들은 정보의 저장과 연산을 하나의 회로 내에서 동시에 수행하는 인메모리(In-Memory) 방식의 아키텍처를 개발함으로써 기존 디지털 컴퓨팅 구조에서 발생하는 병목 현상과 에너지 비효율 문제를 근본적으로 해결하는 데 집중한다.

주요 역할은 뉴런과 시냅스의 생물학적 작동 원리를 반도체 회로에 구현해 AI 연산에 최적화된 전용 칩을 설계하는 것이다. 이를 통해 자율주행차의 실시간 영상 분석, 웨어러블 기기의 생체 신호 감지, 스마트 센서의 즉시 반응 시스템 등 고속·저전력 처리가 필요한 환경에서 연산 효율과 응답성을 동시에 확보한다.

또한 반도체 설계, 신경과학 기반 알고리즘, AI 아키텍처 융합 역량을 바탕으로 중앙 서버에 의존하지 않고 디바이스 자체에서 연산을 수행할 수 있는 자립형 구조를 구현한다. 이는 엣지 디바이스 중심의 실시간 AI 처리 환경을 가능하게 하며 에너지 효율성과 처리 속도를 모두 충족하는 지속 가능한 AI 인프라 구축에 기여한다.

❹ 에너지 효율화 컴퓨팅 엔지니어

에너지 효율화 컴퓨팅 엔지니어는 AI와 빅데이터 처리로 인한 전력 소비 증가에 대응하기 위해 하드웨어·소프트웨어·알고리즘 전반에서 에너지 효율을 극대화하는 시스템을 설계·개발하는 전문가다. 이들은 컴퓨팅 성능을 유지하면서 전력 소모와 탄소 배출을 최소화해 지속 가능한 AI 인프라를 구축한다.

주요 업무에는 데이터센터의 냉각·전력 시스템 최적화, AI 모델 학습 및 추론 과정의 에너지 낭비 최소화 설계가 포함된다. 예를 들어 머신러닝 모델을 경량화해 GPU·PU 사용량을 줄이거나 강화학습 기반 제어 알고리즘을 활용해 냉각 시스템을 실시간 최적화한다.

또한 RISC-V 기반 저전력 AI 가속기 개발, 3D 집적 회로를 통한 메모리-프로세서 간 전송 최적화, 에지-클라우드 연산 분배 설계 등 전력 효율 중심의 기술 개발에도 참여한다. 이들은 단순한 전력 절감을 넘어 성능·정확성·비용 효율을 모두 충족하는 통합 설계자로서 핵심적인 역할을 수행한다.

AI 산업에서 에너지 효율은 기업의 생존을 결정짓는 경쟁력으로 부상하고 있기 때문에 에너지 효율화 컴퓨팅 엔지니어는 기업의 에너지 전략을 총괄하는 'Chief Energy Officer(CEO)'급 인재로 발전할 가능성이 높다.

AI와 융합 미래 기술 전문가

❶ 바이오테크 데이터 과학자

바이오테크 데이터 과학자는 유전체, 단백질체, 임상 등 생명과학 분야의 방대한 데이터를 AI와 빅데이터 기술로 분석해 신약 후보 물질을 발굴하거나 질병 발생 위험을 예측하는 전문가다. 의료·제약·연구기관과 협업해 데이터 기반 인사이트를 도출하며 바이오 혁신을 실질적으로 이끄는 역할을 한다.

주요 업무는 유전자 서열 분석을 통해 질병 연관 변이를 식별하고 AI 기반 단백질 구조 예측 모델을 활용해 후보 물질의 결합 가능성을 평가하는 것이다. 또한 CRISPR 유전자 편집의 효율성과 안전성을 높이기 위한 데이터 분석, 임상시험 데이터를 활용한 환자 반응 예측 모델 개발, 맞춤형 치료 전략 설계 등을 수행한다. 이 과정에서 도출된 결과는 의료진의 의사결정 지원과 치료법 검증의 핵심 근거로 활용된다.

바이오테크 데이터 과학자는 단순한 분석가를 넘어 의료 현장의 요구를 AI 모델과 데이터 체계로 연결하는 설계자의 역할을 수행한다. 신약 개발, 질병 예측 시스템, 맞춤형 의료 서비스 등 생물학적 데이터를 기반으로 한 프로젝트를 주도하며 의료뿐 아니라 농업·환경 등 다양한 영역에서 바이오 혁신을 이끄는 융합형 인재로 평가된다.

❷ 다기능 로봇 프로그래머

다기능 로봇 프로그래머는 AI 로봇이 단일 작업을 넘어 다양한 환경에서 인지·판단·행동을 유연하게 수행할 수 있도록 설계·개발하는 업무를 수행한다. 이들은 컴퓨터 비전, 자연어 처리, 강화학습 등 첨단 AI

알고리즘을 통합해 로봇이 주변 상황을 스스로 인식하고 명령에 맞게 반응할 수 있도록 프로그래밍한다.

주요 업무에는 3D 카메라와 LiDAR 센서를 활용한 정밀 환경 인식, 음성 및 자연어 명령 이해, 모듈형 하드웨어 구조 설계 등이 포함된다. 이를 통해 병원에서는 수술기구 전달, 농업에서는 작물 수확, 물류 창고에서는 재고 분류 등 산업별 특화된 멀티태스킹 로봇 시스템을 구현한다. 또한 제어 명령-운동 실행-환경 피드백이 실시간으로 순환하는 구조를 설계해 로봇의 자율성과 적응성을 강화한다.

다기능 로봇 프로그래머는 하드웨어와 소프트웨어를 통합적으로 설계하며 의료·제조·물류·가정 등 다양한 현장에서 인간과 로봇이 안전하고 자연스럽게 협업할 수 있도록 시스템 최적화와 상호작용 품질 개선까지 주도한다.

❸ 신경 인터페이스 설계자

신경 인터페이스 설계자는 AI 기반 뇌-기계 인터페이스(BMI)를 설계·구현해 뇌와 디지털 장치를 실시간으로 연결하는 전문가다. 이들은 뇌파(EEG), 근전도(EMG), 감각 자극 반응 등 다양한 생체 신호를 디지털 데이터로 변환하고 AI 알고리즘으로 해석해 사용자의 의도와 감정을 인식·대응하는 시스템을 개발한다.

주요 업무에는 재활 치료를 위한 뇌-근육 동기화 제어 시스템, EEG 기반 집중도 측정 헤드셋, 사용자 상태에 맞춰 디지털 기기를 자동 조정하는 인터페이스 설계 등이 포함된다. 이러한 시스템은 의료, 웰빙, 일상 환경을 넘나드는 사용자 중심 구조로 구현된다.

최근에는 딥러닝과 신경망 기반 분석 기법을 적용해 생체 신호 패턴의 정밀 분석과 예측 가능성을 높이고 있으며 이에 따라 설계자는 신호 처리, AI 해석 알고리즘, 센서·하드웨어 통합을 아우르는 융합적 설계 능력을 요구받는다. 신경 인터페이스 설계자는 뇌과학·임상공학·AI를 통합해 인간의 인지와 감각을 디지털 시스템과 연결하며 신경재활·감각 확장·교육·엔터테인먼트 등 다양한 분야에서 인터페이스 혁신을 이끄는 핵심 직군으로 부상하고 있다.

AI 연결 공간 및 인프라 기술 전문가

❶ 공간 컴퓨팅 설계자

공간 컴퓨팅 설계자는 증강현실(AR)과 가상현실(VR)을 기반으로 물리적 공간과 디지털 환경을 실시간 융합하는 시스템을 설계·구현하는 전문가다. 이들은 AI와 컴퓨터 비전 기술을 결합해 사용자의 위치, 시선, 제스처, 음성 등 다양한 행동 데이터를 정밀 분석하고 이를 바탕으로 공간 내 인터랙션과 몰입형 콘텐츠를 능동적으로 구성한다.

주요 사례로는 건축 현장에서 LiDAR와 RGB-D 카메라 기반 3D 스캔과 AR을 활용해 설계 도면과 실제 구조물의 오차를 실시간 식별하는 시스템, 교육 분야에서 학생의 시선과 집중도를 분석해 콘텐츠 난이도와 형식을 자동 조정하는 지능형 학습 환경, 대형 쇼핑몰이나 공공 공간에서 이용자 동선을 분석해 조명·디스플레이·안내 시스템을 자동 제어하는 인터페이스 설계 등이 있다.

공간 컴퓨팅 설계자는 건축·제조·헬스케어·엔터테인먼트 등 다양한 산업에서 몰입도 높은 사용자 경험과 운영 효율성을 동시에 높이는 핵심 직군이다. 특히 AI와 공간 기술을 융합해 사용자 중심의 디지털 경험을 재정의하며 빠르게 부상하고 있다.

❷ 고고도 플랫폼 시스템 운영자

고고도 플랫폼 시스템(HAPS) 운영자는 성층권 상공에서 장기간 체류하는 무인 비행기나 비행선을 활용해 AI 기반 통신·감시·기후 관측 서비스를 설계·운영하는 전문가다. 센서, 통신 장비, AI 분석 모델을 통합해 고도 20km 상공에서 실시간 데이터를 수집·해석하고 상황에 따라 자율적으로 대응하는 플랫폼을 구축한다.

주요 업무에는 재난 대응을 위한 고해상도 영상·음성·열 센서 기반 감시 시스템 운영, 농업·임업·환경 분야에서의 멀티스펙트럼 센서 활용 데이터 분석 및 대응 전략 설계가 포함된다. 이를 통해 구조 요청 및 피해 상황 식별, 작물 생육 상태·토양 오염도 감지 등 다양한 활용 사례를 구현한다.

HAPS 운영자는 하드웨어 설계, AI 모델 개발, 강화학습 기반 자율 제어, 실시간 데이터 분석, 통신 인프라 운영까지 시스템 전반을 총괄한다. 이를 통해 플랫폼이 인간의 개입 없이 스스로 판단·운영할 수 있는 완전 자율형 시스템으로 발전하도록 설계하고 관리하는 핵심 직군이다.

AI의 광기를 대비하라

우리는 이제 단순한 기술 발전을 넘어 AI라는 거대한 문명적 전환 앞에 서 있다. 그 속도와 깊이는 그 어느 시대보다 빠르고 격렬하다. 챗GPT의 등장은 이미 일자리와 산업 구조를 뒤흔들었고 뒤이어 다가올 AGI·휴머노이드·자율 판단 시스템의 쓰나미는 지금의 상상조차 무력화할 만큼 거대한 충격을 몰고 올 것이다. 우리는 이 변화를 더 이상 수동적으로 지켜볼 수 없다.

이제 필요한 것은 '기술 그 자체'가 아니다. 진정으로 필요한 것은 기술을 다루는 인간의 태도이며 그것을 뒷받침할 사회적 합의와 제도다. AI를 무조건 찬양하거나 맹목적으로 수용하는 사회는 결국 통제 불능의 광기에 휘둘릴 수밖에 없다.

따라서 우리는 윤리 기준과 전략 체계를 사전에 수립해야만 한다. 또한 국가 차원의 관리 시스템을 통해 AI를 안보와 경제의 핵심 자산으로 인식하고 그 운용 수단을 선제적으로 확보해야 한다. 동시에 글로벌 차원의 협력과 규제 체계 없이는 AI의 무분별한 확산과 오용을 막을 수 없다. 기술은 국경을 넘고 통제받지 않는 기술은 반드시 사각지대를 낳기 때문이다.

더 나아가 AI 리터러시는 이제 모든 세대와 계층이 갖춰야 할 핵심 생존 역량이 돼야 한다. 단순한 코딩 교육을 넘어 AI의 작동 원리, 사회적 파급력, 윤리적 쟁점을 포괄하는 심화된 교육 체계가 필요하다. 아울러 누구도 기술 변화에서 소외되지 않도록 사회적 보호 장치 마련 역시 병행돼야 한다.

우리에게는 더 이상 선택권이 없다. AI의 진보는 이미 시작됐고 그 흐름은 되돌릴 수 없다. 지금 우리가 이 순간을 놓친다면 미래는 우리가 AI를 통제하는 것이 아니라 AI에 의해 통제되는 방향으로 전개될 것이다. 지금이야말로 AI를 인간의 삶을 향상시키는 도구로 설계할 수 있는 마지막 기회다.

우리가 지금 해야 할 일은 단 하나다. AI가 광기로 변하기 전에 그것을 인류의 미래를 위한 기술로 만들어야 한다. 그것이야말로 다음 세대에게 우리가 남겨줄 수 있는 가장 중요한 유산이다.

AI의 광기, 통제 불가능한 미래가 온다

초판발행 2025년 11월 5일

지은이 조광현
펴낸이 안종만 · 안상준

편 집 전채린
기획/마케팅 정성혁
표지디자인 BEN STORY
제 작 고철민 · 김원표

펴낸곳 (주) 박영사
서울특별시 금천구 가산디지털2로 53, 210호(가산동, 한라시그마밸리)
등록 1959. 3. 11. 제300-1959-1호(倫)
전 화 02)733-6771
f a x 02)736-4818
e-mail pys@pybook.co.kr
homepage www.pybook.co.kr
ISBN 979-11-303-2310-7 93530

정 가 16,000원